Geheimtips für Genießer
Barolo und Barbaresco – Die Weinstraßen im Herzen Piemonts

BAROLO
UND BARBARESCO

Die Weinstraßen im Herzen Piemonts

Aus dem Italienischen
von Pia Matthes-Krissmayr
und Eva Maria Weber

edition spangenberg bei Droemer

Die Originalausgabe ist in Italien unter dem
Titel »Barolo e Barbaresco. Le Langhe dei grandi
vini« bei Arcigola Slow Food Editore, Bra (Cn)
erschienen.
Koordination: Giovanni Ruffa
Text: Armando Gambera, Serena Milano
Redaktion: Serena Milano, Gigi Piumatti

Besuchen Sie uns im Internet:
www.droemer-knaur.de

Völlig überarbeitete Neuausgabe

Gestaltung: Gabriele Klann
Fotos: Aldo Agnelli, Antonio Buccolo, Gian Paolo
Cavallero, Bruno Costamagna, Beppe Malò,
Marcello Merengo, Renato Massolino,
Bruno Murialdo, Enrico Necade, Jens Priewe (S. 63)
Zeichnungen und Karten: Gabriele Klann
Umschlaggestaltung: Vision Creativ Design, München
Umschlagfoto: Thomas von Salomon
Satz: OK Satz GmbH, Unterschleißheim;
Druck und Bindung: Clausen und Bosse, Leck
Printed in Germany
ISBN 3-426-27134-6

5 4 3 2 1

Inhalt

Benutzerhinweise

TIPS & INFOS
Ausführliche Informationen finden Sie ab Seite 106.
In Kurzform nützliche Hinweise und empfehlenswerte Adressen (Hotels, Restaurants, Osterie, Weinkellereien, Bars, Cafés, Läden, Werkstätten)

Essen und Trinken

Trattoria Roma	Restaurant mit guter Küche
Trattoria Roma★	Restaurant mit bemerkenswert guter Küche
Trattoria Roma★★	Restaurant mit ausgezeichneter Küche, nicht versäumen

 Restaurant, das uns besonders gut gefällt aufgrund seines gemütlichen Ambientes, der traditionellen Küche und der unverfälschten Gastfreundschaft

Die Karten

Voraussichtliche Dauer der Ausflüge

 1 TAG mit dem Auto   Wanderung

 1 STD. mit dem Fahrrad   Fahrradtour

 2 STD. zu Fuß

 Weinberg   Hotel

 Weinhandlung   Aussichtspunkt

 Weinkellerei   historisches Gebäude

 Restaurant, Osteria   sakrales Gebäude

Gute Gründe für einen Besuch

Die Langhe jenseits des Mythos

Es ist völlig überflüssig, Ihnen die Gründe aufzulisten, die Sie dazu bewogen haben, diesen Reiseführer zu kaufen und eine Reise in die Langhe zu planen. Die Gründe kennen Sie selbst gut genug: den Barolo, die Trüffeln, die Romane von Pavese und Fenoglio, den Zauber nebliger Herbsttage in den Weinbergen, die bäuerliche Kultur, die Küche…

All diese Gründe sind bekannt und haben durchaus ihre Berechtigung.

Wenn Sie erlauben, möchten wir Ihnen einen weiteren vorschlagen, ein wenig komplex, aber durchaus reizvoll: Fahren Sie in die Langhe, um mit diesen alten Gemeinplätzen Schluß zu machen. Eine empfehlenswerte Erfahrung für jede Art von Reisen, die neben dem Gebrauch des Autos oder des Geldbeutels auch den des Kopfes vorsieht. Diese Art des Reisens ist, was die Langhe der heutigen Zeit anbelangt, fast unumgänglich. Streichen Sie die Vorstellung aus Ihrem Kopf, dort eine Bauernkultur vorzufinden, wie Sie sie aus Romanen kennen oder Menschen zu begegnen wie aus einem Gedicht von Pavese. Das Zeitalter der Maschinen hat selbst die höchste Festungsmauer der Hügel erreicht, und Sie laufen Gefahr, von der alten Atmosphäre nur noch die Fotos der Reiseprospekte zu finden. Ebensowenig dürfen Sie auch nur eine Sekunde daran denken, die kleine, versteckte Trattoria, das Lokal weitab vom Touristenstrom zu entdecken: Alles hier ist schon geprüft, katalogisiert und beschrieben worden. Vertrauen Sie daher wohlgemut auf die guten Reiseführer, vermeiden Sie die eigenwilligen Ratschläge der Dorfpolizisten oder anderer diensthabender Experten. Außerdem hat die Kategorie der zwielichtigen Gasthäuser glücklicherweise in vielen Fällen einer neuen Ernsthaftigkeit, das heißt jüngeren, kulturell und wirtschaftlich orientierten Leuten, den Vortritt gelassen, die Sie mit ihrem Können überraschen werden. Es ist deshalb nicht nötig, sich auf die Suche zu machen nach Spinnweben, verräucherten Spelunken und unauffindbaren Pinten oder »Piole«, wie sie hier genannt werden.

Sie sollten auch vermeiden, die Weinkellereien nach einer Flasche reinstem Bauern-Dolcetto zu durchforsten. Die in mancher Hinsicht erstaunliche Entwicklung des Weinanbaus in den Langhe hat sicherlich den rustikalen Gaunereien bezüglich des Weines ein Ende bereitet und erlaubt uns, besser zu trinken, unendlich viel besser als zuvor. Es genügt, sich den guten Weinkellereien anzuvertrauen und nicht zu hoffen, durch Zufall ins Schwarze zu treffen, indem man hier und da in den Hügeln probiert. Glauben Sie bitte auch nicht, daß diese Dörfer von den Verwüstungen der Bauspekulation oder Industrialisierung verschont geblieben seien. Ihre Reise führt vorbei an den üblichen, unvermeidlichen Fabriken, Schornsteinen und Möbelgroßhandlungen, Häusern aller Stilrichtungen, entstanden im Wahn der sogenannten modernen Architektur unserer Zeit, an Bauernhöfen, die durch unsinnige Renovierungen verschandelt sind, an Dörfern, die erdrückt werden von den alptraumhaften Mietskasernen, die bedrohlich auf den Hügeln stehen.

Die Übung, sich keinen falschen Illusionen hinzugeben, erlaubt Ihnen jedoch, frei von allen Vorurteilen und mit klarem Kopf hier anzukommen, gewillt zu verstehen und vielleicht auch zu verzeihen. Auch wir, die wir in den Langhe leben, hätten die Zeit oft anhalten wollen, daß um den Preis des Elends und der Armut die Landschaft dieser Gegend für immer erhalten geblieben wäre, als eine Art Zuflucht vor den Metropolen. Aber die Wirklichkeit sieht anders aus. Also, auch wenn diese Gemeinplätze ständig präsent sind, beschweren sie nur Seele und Geist. Wenn Sie sie auslöschen, schärfen Sie Ihren Verstand, und es wird Ihnen bestimmt nicht an Gelegenheiten mangeln, sich überraschen und erfreuen zu lassen, vielleicht auch gerührt zu sein.

Eine Traube –
zwei große Rotweine

Halb Piemont war einst von Nebbiolo-rebstöcken bedeckt. Bereits 1330 berichtet ein gewisser Pier de Crescenzi von einer »dunklen Traube, genannt Nubiola« in der Gegend von Asti. 1606 verweist Giovan Battista Croce, Goldschmied am savoyischen Hof, auf die vorzügliche Nebbiolotraube, die auf den Hügeln rund um Turin angebaut werde. Zeugnisse aus dem Jahr 1659 bestätigen den Anbau zwischen Ovada und Novi Ligure. Und noch 1820 wurde Nebbiolowein aus den Rebhängen von Costigliole und San Marzano Oliveto per Schiff nach Rio de Janeiro exportiert. Danach ging der Anbau allmählich zurück und beschränkte sich auf die Hochlagen der Langhe, woran sich bis heute nichts geändert hat. Jene Flut an lieblichem Wein, die bis ins 19. Jahrhundert aus den Weinbergen schwappte, wandelte sich, dank Cavour, der das kluge Eingreifen des französischen Önologen Oudart förderte,

zu dem Barolo und Barbaresco, wie wir ihn heute schätzen: geradlinig, tanninhaltig, wohlriechend. Eine Rebsorte, deren Vielseitigkeit allgemein geschätzt wird, »die sich jedem Boden anpaßt«, wird hier zu einer heiklen, im wahrsten Sinne des Wortes »schwierigen« Rebe, Spiegelbild ihrer Heimat, der Langhe: zeigt sie doch die gleiche Kantigkeit und den gleichen Hang zu widerspenstigem Individualismus.

Die Meinungen über die Wurzeln des Wortes »Langa« gehen auseinander, aber vermutlich rührt es vom dialektalen Ausdruck »andar per langa«, was soviel wie »eine Gratwanderung machen« bedeutet. Eine Gratwanderung machen, also in die Weinberge gehen und hier insbesondere zu den Nebbiolotrauben. Aber beim Wandern durch die Rebstockreihen kann man den Unterschied zwischen Barolo und Barbaresco nicht entdecken. Über die organoleptischen Unterschiede werden Bücher über Bücher geschrieben, Tatsache aber bleibt: Boden (Tortoniano und Tortoniano-Elveziano in den berühmtesten Gebieten), Rebsorte (vor allem Michet und Lampia) und Menschen sind die gleichen. Allein, die Barbaresco-Region ist etwas kleiner und homogener, die des Barolo weitläufiger, abwechslungsreicher und auch malerischer.

Die Geschichte ist ganz auf seiten des Barolo: bereits vor über einem Jahrhundert hatte er die unbestrittene Führerschaft unter den italienischen Weinen übernommen, gefördert durch das Haus Savoyen sowie wertvolle Studien und Untersuchungen, die auf seinem Boden durchgeführt wurden. Schon damals versuchte man, nach französischem Vorbild, eine Klassifizierung der besten Lagen einzuführen und einige Namen, wie Cannubi und Brunate, wurden als besonders hochwertig gehandelt.

Der Barbaresco hingegen ist eine neuere Erfindung. Seine Geburtsstunde fällt zusammen mit der 1894 von Professor Domizio Cavazza gegründeten Cantina Sociale di Barbaresco, der vermutlich ersten Genossenschaftskellerei Italiens. Im selben Jahr wurden die ersten 958,9 Myriagramm Nebbiolotrauben zu Wein verarbeitet: eine Lappalie, aber ausreichend, um den Barbaresco offiziell aus der Taufe heben zu können. (Der Umstand, daß auf seinem Weingut Drago drei Flaschen mit dem handgeschriebenen Etikett »Barbaresco 1870« aufbewahrt werden, hat nur folkloristischen Wert.) Damals versuchten die Winzer aus Barbaresco und Neive ängstlich, ihren Nebbiolo dem Barolo anzugleichen und beschrifteten ihre Flaschen höchstens mit »Nebbiolo di Barbaresco«. Aus der höflichen, aber bestimmten Ablehnung seitens der Barolowinzer, mit ihnen eine Gemeinschaft zu bilden, entstand das Abenteuer Barbaresco, der zunächst als die liebliche, quasi weibliche Variante des Barolo angeboten wurde.

Und tatsächlich findet diese Definition des Barbaresco im Glas bisweilen seine Bestätigung: bis vor wenigen Jahren konnte man die größere Lieblichkeit des Barbaresco noch deutlich wahrnehmen. Und dies trotz der eher abweisenden Herkunft der Menschen, stammen sie doch aus der *barbarica sylva*, dem Wald der Barbaren, in den der ligurische Stamm der Stazielli vor den römischen Legionen geflüchtet war: der Ortsname »Asili«, dem Weinkenner wohlbekannt, zeugt von der alten Zufluchtsstätte. Der Barbaresco war bis vor wenigen Jahren blasser im Farbton und weniger kräftig als sein Vetter, der sich immer mehr auf dem Weltmarkt durchsetzte und dessen Anbau- und Herstellungsmethoden zunehmend präziser und effizienter wurden. Bis Angelo Gaja kam und zeigte, wieviel Volumen und Kraft ein Barbaresco auszudrücken vermag, der aus sorgfältig angebauten und verarbeiteten Reben hergestellt wurde. Und Gajas Beispiel machte Schule.

Heute sind es die Spitzenlagen, die Hügel für Hügel, Ort für Ort, von den Unterschieden der Nebbiolotraube erzählen: bisweilen unendlich kleine, aber eindrucksvolle Unterschiede, wahrnehmbar nur bei allergenauesten Verkostungen. Sie werden höchstens im letzten Tausendstel die um ein Jahr differierende Reifung im Holzfaß wahrnehmen, wie sie der Gesetzgeber für die beiden Weine vorgesehen hat. Erwarten Sie also keine ausgetretenen Pfade bei der Suche nach den Besonderheiten von Barolo und Barbaresco. Lassen Sie sich ein auf ein Spiel von allmählichen Annäherungen, Nuancen, Assoziationen und Erinnerungen, denn weder die Landschaft, noch die Beschaffenheit der Weinberge oder die Persönlichkeit des Winzers werden Ihnen wirklich weiterhelfen. Vielmehr werden Sie Ihre Sinne und Ihr Gefühl bemühen müssen. Aber ist es nicht genau das, was Sie eigentlich wollen, das, was Sie hier in die Langhe geführt hat?

Sehen und verstehen
Große Weinberge

Bloße Betrachtung reicht nicht immer aus, um zu verstehen. Es genügt nicht, die Weinberge von Barolo und Barbaresco zu durchwandern, um eine Ahnung davon zu bekommen, was später in die Gläser gelangt. Beim Spazierengehen läßt sich weder die exakte Ausrichtung der Pflanzen feststellen, noch erlangt man präzise Hinweise über die Beschaffenheit des Bodens, der Pflanzensorte oder des Mikroklimas. Darüber hinaus mangelt es an schriftlichen Unterlagen, wissenschaftlichen Informationen. Eine Klassifizierung, wie sie 1855 beim Bordeaux eingeführt wurde, gibt es nicht. (Damals

setzten sich die Mitglieder des Syndicat des Courtiers de Commerce an einen Tisch und legten ein für allemal eine Klassifizierung – *premiers crus, deuxième crus* usw. – fest. Seitdem gab es keine grundlegenden Änderungen. Erst jetzt, 150 Jahre später, beginnt man in den Langhe, Lagen abzugrenzen. Es sind dies aber eher von der Bürokratie, als vom Wein bestimmte Grenzen und so denken die Langaroli nicht im Traum daran, Hierarchien festzulegen. Aus diesem Grund sollte der Konsument, wenn er sich mit einer gewissen Kenntnis zwischen den Weinbergen bewegen will, vorher seine eigenen

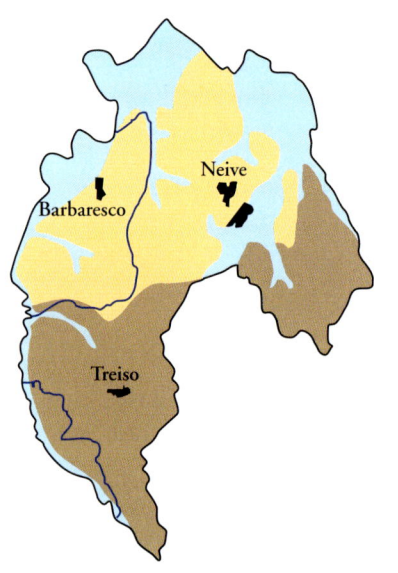

Anbaugebiet Barbaresco

DOC: seit 23. April 1980

DOCG: seit 3. Oktober 1980

Rebflächen: 484 Hektar

Flaschen: 2 406 800

Mögliche Abfüllmenge: 25 150 hl

Tatsächliche Abfüllmenge: 18 051 hl

Weingüter: 424

Mindestreifung: 2 Jahre
(1 Jahr im Holzfaß)

☐ Alluvial   ☐ Tortona-Helvetia   ☐ Tortona

Weinproben machen oder sich dem Wissen eines Führers anvertrauen.

Dennoch wurden bestimmte Weinberge, Sorì, wie sie hier genannt werden, um Barolo und Barbaresco in der Welt der Weinliebhaber zu einem Begriff, bevor sie als Cru überhaupt existierten. Vor ungefähr 20 Jahren begannen einige Betriebe ihre Etiketten mit den Ortsnamen der bekanntesten Weinberge zu versehen, die schließlich für die Konsumenten zu einem Synonym für herausragende Qualität wurden: Montestefano, Vigna Rionda, San Lorenzo, Cannubi, Rabajàm, Cerequio und Bussia sind inzwischen berühmte Namen, an die wir uns mit der Zeit gewöhnt haben. Und doch war man dem Verantwortungsgefühl der Produzenten ausgeliefert, denn diese Namen bedeuteten zunächst lediglich, daß die Trauben in dem angegebenen Weinberg gelesen und reinsortig verarbeitet wurden. Letztendlich aber mußte man diese Namen in einer völlig subjektiven Hierarchie einordnen. Gegenwärtig bemühen sich die Gemeinden der Region, mit der Unterteilung des Gebiets in Untergebiete, dem Konsumenten jene Garantie zu geben. Aber dies kann nur ein erster, wenn auch unerläßlicher Schritt sein und möglicherweise werden wir den zweiten Schritt nie erleben, obwohl Fantini bereits 1879 in seiner sorgfältigen Monographie über den Weinbau und die Weinkunde in der Provinz Cuneo einigen Gebieten eine »herausragende Lage« zugeschrieben hat. Seit damals mußte man auf die Weinbergkarte von Renato Ratti und auf den »Atlante delle grandi vigni di Langa. Zona del Barolo« warten, der 1990 von Slow Food herausgegeben wurde, bis das Problem der Festlegung der Lagen und der Versuch einer, wenn auch nur summarischen Hierarchisierung erneut vorgeschlagen wurde. Für den Barbaresco gibt es nichts, außer der »Carta dei cru di Barbaresco. Comune di Barbaresco«. Dies sind zum gegenwärtigen Zeitpunkt die einzig möglichen Begleiter bei einer Reise durch die großen Weinberge der Langhe.

Anbaugebiet Barolo

DOC: seit 23. April 1980
DOCG: seit 1. Juli 1980
Rebflächen: 1239 Hektar
Flaschen: 6 192 267
Mögliche Abfüllmenge: 64 169 hl
Tatsächliche Abfüllmenge: 46 442 hl
Weingüter: 957
Mindestreifung: 3 Jahre
(2 Jahre im Holzfaß)

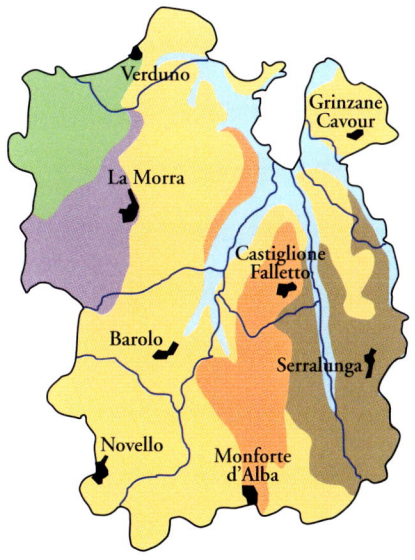

 Tortona-Serravalle    Messina   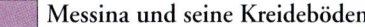 Messina und seine Kreideböden

Die Routen

Alba, in einer Senke der Hügelland-schaft gelegen, ist bereits seit der Römerzeit Herzstück der Langhe. Beredte Zeugen seiner tausendjährigen Geschichte sind Städtebau und Architektur, angefangen bei den Ziegelbauwerken der mittelalterlichen Stadt mit ihren Gassen und Türmen bis hin zu den neoklassizistischen Gebäuden aus dem 19. Jahrhundert. Darüber hinaus trifft man auf alle Genüsse, wie sie eine der wichtigsten Gourmetstädte Italiens bieten kann: Gasthäuser und Restaurants, Weinhandlungen und samstags ein farbenfroher, lebhafter Wochenmarkt.

Die vorgeschlagene Route nach Barolo führt über Verduno und La Morra und durchquert dabei typisches Agrarland voller Rebstockreihen, unterbrochen von kleinen Weilern und Bauernhäusern. Der Umweg über Pollenzo führt zu einer antiken Römerstadt, die im vergangenen Jahrhundert Sitz eines vom Haus Savoyen initiierten landwirtschaftlichen Musterhofs war: eines der interessantesten Beispiele neogotischer Architektur. In Cherasco, eine der Perlen des piemontesischen Barocks, kann man eine lebendige Kunststadt genießen.

Die dritte Route, die sich durch die wichtigsten mit Nebbiolo (aber auch Dolcetto, Barbera und andere Sorten) bestockten Rebgärten schlängelt, führt über die Orte Diano, Grinzane Cavour, Serralunga und Monforte. Der Weg bietet wunderschöne Panoramen, mit Ausblicken bis hin zu den Alpen. Er führt am Castello di Grinzane vorbei, das an die administrativen und landwirtschaftlichen Aktivitäten des Conte Cavour erinnert, und am Schloß von Serralunga, dem ältesten und imposantesten der gesamten Langhe. Am Ziel erwarten einen die zylindrischen Türme des Castello von Castiglione.

Nach der Baroloregion nun die Region des Barbaresco, des zweiten großen Rotweins aus Nebbiolo-Trauben. Vom Ausgangspunkt Alba erreicht man das durch den Seno d'Elvio geteilte Tal und steigt über eine streckenweise noch wilde Gegend allmählich hinauf nach Treiso. Ab hier dominieren die Rebstöcke mit den berühmten, geschichtsträchtigen Crus, die den Ruhm des Barbaresco begründet haben. Der Weg endet in Neive, einem geschützt auf einem Hügel liegenden Kleinod, mit intakter mittelalterlicher Struktur und vollständig erhaltenen Adelssitzen aus dem 17. Jahrhundert.

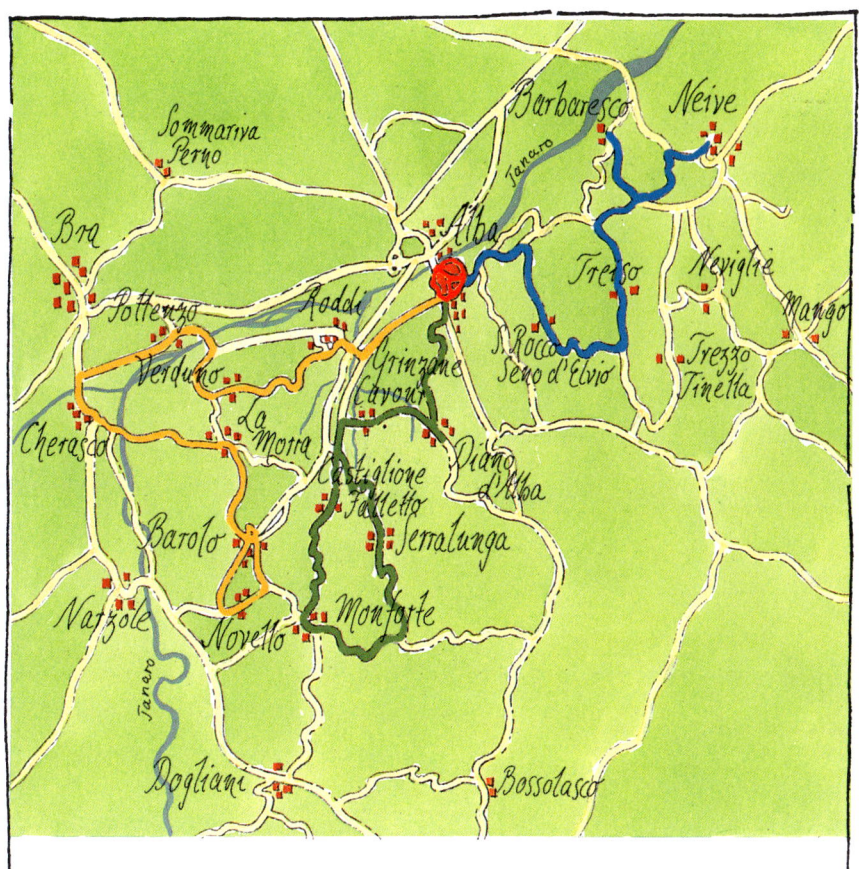

Das Herzstück der Reise:
Alba

In den lebendigen Weinbergen:
Von Alba nach Barolo über Roddi, Verduno, Pollenzo,
Cherasco, La Morra und Novello

Auf den Spuren der Kastelle:
Von Alba nach Castiglione Falletto über Diano,
Grinzane Cavour, Serralunga und Monforte

Im Barbaresco:
Von Alba nach Neive über San Rocco Seno d' Elvio,
Treiso und Barbaresco

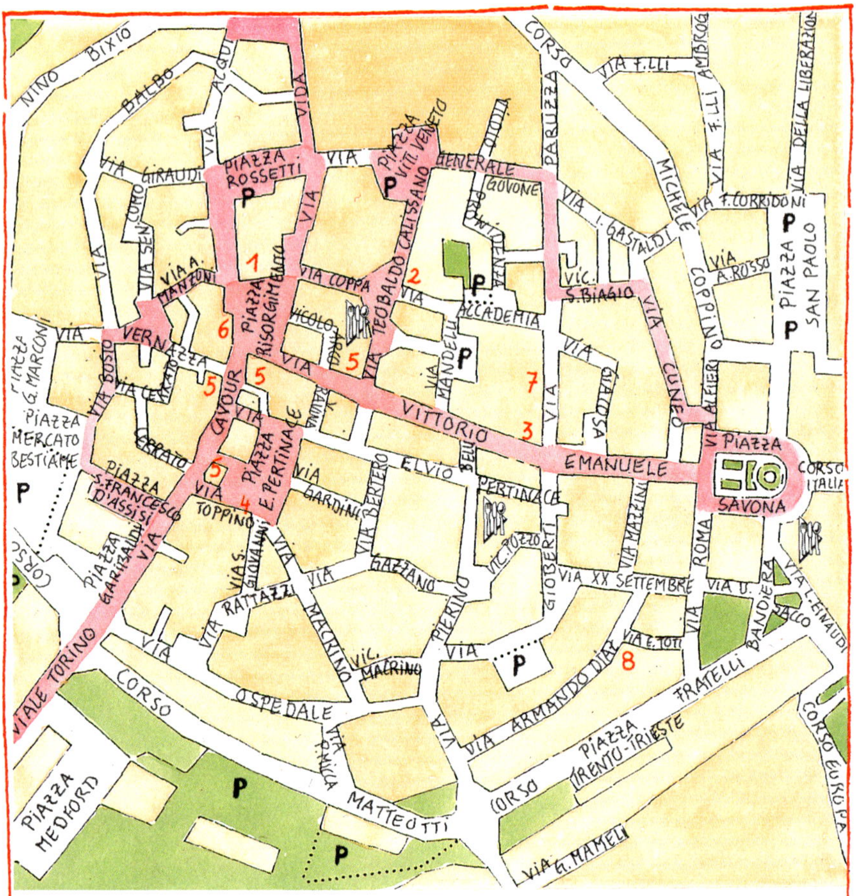

Voraussichtliche Dauer des Ausflugs:

1 TAG

1 Cattedrale di San Lorenzo

2 Chiesa di San Domenico

3 Chiesa di Santa Maria Maddalena

4 Chiesa di San Giovanni

5 Mittelalterliche Türme

6 Rathaus

7 Volkskundemuseum

8 Sferisterio Mermet

Das Herzstück der Reise
Alba

Wer Alba wirklich kennenlernen will, sollte überraschungsvolle Ecken aufstöbern, sich von der unvermeidbaren Via Maestra entfernen und sich von dem unruhigen Menschengewimmel befreien, das die Straße verschwinden läßt. Am Samstagmorgen beispielsweise ergreift der Markt von der Stadt Besitz. Man glaubt sich

ins Mittelalter zurückversetzt, wenn die Händler sich auf den Plätzen unter den Domarkaden niederlassen. Man sollte sich auch das prächtige, reiche *Alba Pompeia* der Cäsaren vergegenwärtigen: entdecken, wie das rechtwinklige Straßennetz sich in ein Gewirr von gewundenen Wegen aufgelöst hat und wie das antike Forum Romanum über die Jahrhunderte hinweg das pulsierende Herz der Stadt geblieben ist: der Platz um den Duomo und den Palazzo Comunale als Zentrum weltlicher und kirchlicher Macht.

Wählen Sie die abgelegensten Gassen und nähern Sie sich nur ganz allmählich dem Zentrum, umkreisen Sie

Die Türme von Alba, die im Mittelalter Wahrzeichen der mächtigsten Geschlechter waren.

TIPS & INFOS
Ausführliche Informationen finden Sie auf Seite 107ff.

ALBA

Einwohner: 29 750
Höhe: 172 m ü. d. M.
Postleitzahl: 12051
Vorwahl: 0173

Informationen
Azienda di Promozione Turistica
Piazza Medford
Tel. 3 58 33

Ente Turismo e Manifestazioni
Via V. Emanuele, 19
Tel. 36 28 07

Turismo in Langa
Associazione turistica
Arci Nova
Via Cavour, 16
Tel. 44 04 52
(Organisierte Ausflüge in die Langhe)

Itinera
Via Roma, 6
Tel. 36 34 80
(Geführte Ausflüge in die Langhe)

Trekking in Langa
Tel. 0172/49 00 18 oder
03 36/61 02 55
(Informationen über sportliche Aktivitäten in den Langhe)

es vorsichtig wie ein Raubtier, das es zu entdecken, zu beobachten und zu zähmen gilt.

Lassen Sie das Auto am Eingang der Stadt, auf der **Piazza Medford** stehen und gehen Sie die Via Cavour entlang, die direkt zur Piazza Risorgimento führt. Schon vor der Piazza biegen Sie links Richtung **Piazza San Francesco** ab. San Francesco ist der Name einer alten Kirche und eines Klosters, die Ende des 18. Jahrhunderts von den Franzosen zerstört wurden und von deren einstmaligen Bedeutung die gewaltige Freitreppe des alten Gerichtshofs (dem ehemaligen Kloster San Francesco, das den Platz auf der linken Seite begrenzt) aus dem 18. Jahrhundert Zeugnis ablegt. Wenn Sie weitergehen, öffnet sich die Straße zum großen **Viehmarktplatz**. Das nach einem Entwurf von Alimondi aus Stahl konstruierte Wetterdach dokumentiert die Leidenschaft des ausklingenden 19. Jahrhunderts für die neuen Baustoffe. Etwas weiter, geschützt durch eine lichte Baumhecke, fließt der Tanaro, bis vor wenigen Jahrzehnten noch der Hausstrand der Einwohner Albas.

Nach rechts führt die Via Bosio ins mittelalterliche Alba mit seinen roten Ziegelhäusern, verwinkelten Gäßchen,

Dom San Lorenzo.

Spitzbogenfenstern und zweibogigen Fenstern, die unter Lagen von Putz entdeckt und sachverständig wieder freigelegt wurden. Etwas vorher kreuzen Sie die Via Vernazza. Der Asphalt wird durch einen gepflasterten Weg abgelöst, der zu einem kleinen dreieckigen Platz führt: Während Sie näherkommen, verschwindet der Ziegelturm hinter der Fassade der Kirche San Giuseppe aus dem 18. Jahrhundert. Dahinter endet ein kurzes Gäßchen vor den Mauern und Eisengittern des alten Gefängnisses. Rechts an der Kirche vorbei läuft die **Via Manzoni**, die kurz darauf auf eine Seitenwand des Domes stößt. Rechts erblicken Sie die Piazza Risorgimento. Umrunden Sie die Kathedrale, Kapelle für Kapelle, und zählen Sie die Stützpfeiler, die spitzen Türme und Bögen. Messen Sie, Schritt für Schritt, seine Tiefe aus und bekommen Sie ein Gefühl für den symbolischen Wert seiner Größe und seines zentralen, herausgehobenen Standorts als absoluter Hauptdarsteller. Ein Standort, der den Abbruch der dahinterliegenden, niedrigen Häuser, der Kirche Sant' Elisabetta und des besonders hohen Negriturms notwendig machte, dessen Verlust sehr bedauert wurde. Der ehemalige Obstmarkt, die **Piazza Rosetti**, ist der ideale Ort, um den Glockenturm des Doms mit seinen ein- und zweibögigen Fenstern zu betrachten, die sich, unterteilt durch Blindbögen, auf sechs Ebenen öffnen. Im Inneren verbirgt sich, wenig beachtet, die ursprüngliche Turmglocke aus dem 11. Jahrhundert (eine Holztreppe schlängelt sich im engen Raum zwischen den beiden Mauern nach oben). Links vom Turm führt die **Via Vida** Richtung **Piazza Monsignor Grassi** mit dem Bischofspalast aus dem 17. Jahrhundert und, in der Mitte, Resten einer romanischen Mauer. Rechts säumt sie die andere Seite des Doms und eröffnet eine weitere Perspektive auf die Piazza Risorgimento. Dahinter tauchen drei Türme auf, Sineo und Bonino, die beiden höchsten der Stadt und ein breiter, niedrigerer, der umlaufend von jeweils zwei Bogenfenstern verziert wird. Der Besitz eines Turmhauses bedeutete im Mittelalter Ansehen, Macht und Stärke. Die mächtigsten Herrn zwischen dem 12. und 15. Jahrhundert befestigten die beiden Hauptstraßen Via Maestra und Via Cavour und machten Alba zu einem San Gimignano in Rot. Zwistigkeiten unter den Familien und später die Manie alles Alte abzureißen, ließen einen Großteil der Türme verschwinden. Ungefähr zwanzig sind noch erhalten, zumeist in andere Gebäude integriert oder in ihrer Höhe gekappt.

ÜBERNACHTEN

Hotel Ave
Via Einaudi, 5
Tel. 36 12 56

Leon d'Oro
Piazza Marconi, 2
Tel. 44 19 01

Motel Alba
Corso Asti, 5
Località Rondò
Tel. 36 32 51

Piemonte
Piazza Rossetti, 6
Tel. 44 13 54

Savona
Via Roma, 1
Tel. 44 04 40

Azienda agrituristica
Reiné-La Meridiana
Località Altavilla, 19
Tel. 44 01 12

I Castelli
Corso Torino, 14
Tel. 36 19 78

SOL
Strutture Ospidalità Locale
Piazza San Paolo, 3
Tel. 36 32 36

Azienda agrituristica Paitin
Ortsteil Rivoli, 17
Tel. 36 31 23

Die Weinbauschule

Die Weinbauschule von Alba blickt auf eine hundertjährige Geschichte zurück, hat über 500 Schüler und spielt eine wichtige Rolle im piemontesischen Weinbau. In ihren Weinbergen, 50 Hektar mit Dolcetto-, Barbera- und Nebbiolotrauben, lernen die Studenten die Arbeit im Rebstock. In der Kellerei prüfen sie die Herstellungstechniken, führen Gärungsproben durch, produzieren Rotwein, Weißwein und Rosé. In der Pflanzenabteilung lernen sie das Bestimmen der Pflanzen sowie die Herstellung aromatisierter Weine und Liköre. Die Schule besitzt eine umfangreiche Allgemeinbibliothek sowie spezielle Abteilungen für die jeweiligen Fachgebiete: Anbau und Önologie, Landwirtschaft, Chemie, Naturwissenschaften, Technik, Wirtschaft, Mathematik und Physik.

1880, im Gründungsjahr der Schule, zählte Alba etwas mehr als 12 000 Einwohner. Landwirtschaft war die Haupteinnahmequelle, und ein Großteil davon entfiel mit 23 000 Hektar Anbaufläche auf den Weinbau. Die Verarbeitungsmethoden waren jedoch zum Teil so primitiv, daß die Weine im Sommer häufig sauer wurden. Nur wenige Winzer verwendeten Schwefel. Statt dessen ließ man zum Konservieren der Fässer und Bottiche noch immer ein paar Liter Wein am Boden verfaulen und gab dem Hackendorn und der neuen Eisenbahnlinie zwischen Alba und Nizza die Schuld für die Reblaus. Oberstes Ziel der Weinbauschule war es daher, »die Winzer vom Zeitalter des Empirismus, dem Feind jeden Fortschrittes, zu befreien«, denn »nur mit Wissen läßt sich Gutes erreichen«.

Die Gründung der Schule wurde daher auch von dem gebildeteren und weitsichtigeren Teil der Bevölkerung sehr begrüßt, als historische Möglichkeit für einen wirtschaftlichen und kulturellen Neuanfang und Fortschritt. Die Schulordnung war streng und der Stundenplan äußerst hart: insgesamt 74 Wochenstunden Arbeit auf dem Gut, dazu Chemie, Literatur, Buchführung, Zeichnen und Übungsstunden. In den Anfangsjahren war die Schule noch außerhalb, in Altavilla, untergebracht, erst 1883 zog man in die Stadt. Am 30. Oktober 1885 wurden die ersten selbstproduzierten Dolcetti der Jahrgänge 82 und 83 probiert, 1889 richtete man das erste Chemielaboratorium ein, für den Weinbau in der Region äußerst wichtig.

Von hier aus wurden die Schlachten gegen den Algenpilz und die Reblaus geschlagen, indem man den Winzern das Aufpfropfen der amerikanischen Rebstöcke beibrachte und ihnen bewies, daß das Aufpfropfen weder die Qualität noch den Geschmack des Weines verändert. Aus den Hörsälen dieser Schule kamen und kommen noch immer die jungen Önologen, die darum kämpfen, ihren heimischen Weinen den Weltmarkt zu öffnen.

*Fresken in der Kirche
San Domenico*

Biegen Sie nun in die **Via Coppa** ein: linker Hand liegt
die mittelalterliche Casa Cappello mit ihren rund geformten, eisernen Türklopfern und den Laubengängen,
rechts die Casa Chiarlone mit Turm und Portal aus dem
18. Jahrhundert. Allmählich wird die Straße breiter, und
es erscheint die Kirche **San Domenico** in ihrem klaren,
gotischen Baustil. Rot-weiß sticht das elegante Portal
hervor und zieht mit seiner tiefen Ausschmiedung und
den in Sandstein und Ziegel gebänderten, kleinen Säulen den Blick des Betrachters auf sich. Im Bogenfeld
kann man die Madonna del Rosario mit dem Jesus-
kind, San Domenico und Santa Caterina von Siena erkennen. Stützpfeiler, Fialen und hohe, schmale Fenster
schmücken die Fassade, und um das abfallende Dach
läuft ein einfaches Gesims aus geformten, dunklen Ziegeln. Der Innenraum ist schlicht und würdevoll: riesige
Rundpfeiler unterteilen die drei Schiffe, verzweigen sich
nach oben hin und kreuzen sich im Gewölbe (früher waren sie im Schachbrettmuster schwarz und weiß gestri-
chen: bei der Restaurierung wurden weite Teile davon
freigelegt.) Die Fresken, durch Feuchtigkeit und son-
stige Angriffe auf das Gebäude (zu Beginn des 19. Jahrhunderts wurde San Domenico von den Franzosen als
Stallung benutzt) stark beschädigt, reichen in die verschiedensten Epochen, vom 14. Jahrhundert bis ins
Barock.

Nur wenige Schritte voneinander entfernt also hier San
Domenico, das Mittelalter mit seinen roten Ziegeln und
Spitzbögen, dort das neoklassizistische 19. Jahrhundert
mit seiner Ordnung, Ausgewogenheit und Symmetrie.
Dazwischen nichts: das Barock fehlt. Ein kurzer
Straßenzug als Sinnbild der Architekturgeschichte Al-
bas: die neoklassizistischen Formen haben sich direkt in

ESSEN

Osteria dell'Arco★
Piazza Savona, 5
Tel. 36 39 74
Sonntags und montagmittags
geschlossen

Daniel's Al Pesco fiorito
Corso Canale, 28
Tel. 44 19 77
Sonntags geschlossen

Porta San Martino
Via Einaudi, 5
Tel. 36 23 35
Montags geschlossen

Il Vicoletto★
Via Bertero, 6
Tel. 36 31 96
Montags geschlossen

Osteria Lalibera
Via Pertinace, 24a
Tel. 29 31 55
Sonntags und montagmittags
geschlossen

Enoclub
Piazza Savona, 2
Tel. 3 39 94
Montags geschlossen

EINKAUFEN

Typische Süßigkeiten
**La Casa del torrone
Io, tu e i dolci**
Piazza Savona, 12

Cignetti
Via V. Emanuele, 3

Pettiti
Via V. Emanuele, 25

Relanghe
Corso Bra, 105

Eingelegte Früchte
Mariangela Prunotto
Strada Osteria, 14

die mittelalterliche Stadt eingefügt, die bis Ende des 18. Jahrhunderts noch unversehrt war. Urheber des neuen Gesichts von Alba war Giorgio Busca, Architekt und Bürgermeister der Stadt, der zwischen 1840 und 1877 nahezu 40 Jahre lang, bis zu seinem Tod, das städtebauliche und architektonische Bild der Stadt prägte. Die neue Linie kann man gut an der Fassade des Govone-Gymnasiums, dem Palazzo Calissano (heute Sitz der europäischen Regionalbank) und dem Teatro Sociale ablesen. Gebäude, die für eine weltliche, moderne Kultur stehen, Fassaden, die von einer bossierten Geometrie bestimmt werden, von weiten Bögen, Lisenen und Gesimsen. Links wird der Platz nach hinten von den dunklen Ziegeln des Seminars und der Kirche Santa Catarina aus dem 18. Jahrhundert abgeschlossen. Werfen Sie einen Blick auf das Sandsteinportal mit den gedrehten Säulenbalken.

Nun biegen Sie in die **Via General Govone** ein, wo Sie rechts die grauen, und rosafarbenen Streifen des Asyls erkennen können, Spuren aus den letzten zwanzig Jahren des 19. Jahrhunderts, als die planerische Vorherrschaft Giorgio Buscas abgeschlossen war. Nur wenig weiter kreuzt die Via Paruzza die Via Generale Govone und links, Richtung Umgehungsstraße, schaut der von Alimondo entworfene Schlachthof, mit seinen weißen, rosa und gelben Streifen, hervor.

Nach rechts geht es in die Via Porta, wo Sie im Hintergrund den Campanile Maddalena und die schiefe Fassade des ehemaligen Klosters sehen können. Biegen Sie nach links in das enge Gäßchen San Biagio ein und laufen Sie durch die **Via Cuneo** (diese Wegführung entspricht allerdings nicht gerade dem Postkartenimage der Stadt) zur Piazza Savona: Hier sollten Sie sich die Kie-

Das Teatro Sociale

Nach zehn Jahren Renovierungsarbeiten und vorausgegangenen vierzig Jahren Lethargie, wurde das Teatro Sociale von Alba am 4. Oktober 1997 endlich wiedereröffnet. 1933, während des Faschismus, war der Vorhang das letzte Mal gefallen. Der Spielplan bietet großes Theater, aber auch Kabarett, Literatur, Operette, Musik, Tanz und Kinderveranstaltungen. Der Entwurf der Architekten weckte die Neugier von Schauspielern und Regisseuren angefangen bei Vittorio Gassman bis hin zu Luca Ronconi, die das Theater bereits während der Bauarbeiten besuchten. Fand man doch eine originelle und in Italien einzigartige architektonische Lösung für das Problem der Kapazität und der Integration des alten Theaters: Man ließ das alte Theater, ein neoklassizistisches Juwel, das von dem Architekten Giorgio Busca Ende des 19. Jahrhunderts entworfen wurde, stehen und stellte davor das äußerst moderne, neue Theater. Der kleine, historische Saal in Hufeisenform und mit Logen ist ideal für Bühnenstücke und Kammermusik, der neue, größere (620 Sitzplätze) eignet sich hervorragend für Dramen, Opern und größere Orchesterkonzerte. In der Mitte befindet sich die Bühne, Verbindungsglied zwischen alt und neu, und idealer Raum sowohl für traditionelle als auch für experimentelle Stücke.

Die Theaterkasse des Teatro Sociale befindet sich an der Piazza Vittorio Veneto, Tel. 3 51 89, und ist werktags von 17.00 bis 19.30 Uhr geöffnet. An Sonn- und Feiertagen nur bei Vorstellungen.

Grappe

Distilleria Santa Teresa
Case Sparse, 35
Mussotto d'Alba

Biologische Produkte

La Zuppa di zucca
Via Coppa, 4

Trüffeln

Mercato del Cortile della Maddalena
Via V. Emanuele
Von Oktober bis Dezember
jeden Samstagmorgen

Tartufi Ponzio
Via V. Emanuele, 26

Polleria tartufi Elio Ratti
Via V. Emanuele, 18

Gastronomia Petiti
Via Alberione, 3

Gastronomia Ugo
Via Alfieri, 4

Teatro Sociale,
Foto von Fiorenzo Calosso

Kirche Santa Maria Maddalena.

Wein und Spezialitäten

Enoteca Fracchia
Via Vernazza, 9

'I crotin
Via Cuneo, 3

Grandi vini
Via V. Emanuele, 1/A

Peccati di gola
Via Cavour, 11

Burdese
Via V. Emanuele, 13

Drogheria Carosso
Via V. Emanuele, 23

**Enolibreria
I Sapori del Gusto**
Via V. Emanuele, 23

Enoteca Terra Gentile
Via Cavour, 5a

Enoteca I Castelli
Corso Torino, 14, Hof c

Enoteca del Centro
Via Roma

fernallee und die Autos wegdenken und versuchen, sich den Platz leer vorzustellen. Er ist das Sinnbild der Stadt im 19. Jahrhundert, Symbol des modernen Geschmacks und wurde von Busca in Anlehnung an die Plätze Turins (Piazza Vittorio Veneto an der Porta Po, Piazza Carlo Felice an der Porta Nuova oder Piazza Repubblica an der Porta Palazzo) entworfen: höfische Eingänge, die die antiken, mittelalterlichen Portale gleichwertig ersetzten.

Und nun sind Sie auch schon in der Via Vittorio Emanuelle oder **Via Maestra**, wie sie auch genannt wird, die verlockende Einkaufsstraße, mit ihren Trüffel- und Käseläden, den Konditoreien, Feinkostgeschäften und Weinhandlungen. In dieser uralten Straße Albas atmet man, trotz zahlreicher Metamorphosen und der bunten Abfolge verschiedenster Stilrichtungen, noch immer die Atmosphäre des Mittelalters. Rechts befindet sich die der Klassik nachempfundene Fassade des Palazzo Mermet, links umrahmen Blätter und Blumen die Fenster und Balkone. Danach folgen sich gegenüberliegend die Kirchen Santi Cosma e Damiano und **Santa Maria Maddalena**, ein seltenes und schönes Beispiel barocker Baukunst. Die getriebenen Backsteine bilden eine in konkaven und konvexen Linien geschwungene Fassade und erinnern im Aussehen an den Palazzo Carignano, dem stilistisch wichtigen Vorbild des Architekten Bernardo Antonio Vittone, der die Kirche zu Beginn des 18. Jahrhunderts entwarf. Das Innere ist etwas bizarr und reichlich überladen mit farbigem Marmor. Das großartige Fresko in der Kuppel wird dem Künstler Antonio Milloc zugeschrieben. Über den Hof (in der Saison findet hier der Trüffelmarkt statt, Eingang von der Via Maestra) gelangen Sie zum Chor mit seinen intarsiengeschmückten Chorstühlen aus Nußbaumholz und den barocken Gewölbemalereien. In der Straße etwas weiter vorn prägen die neoromanischen Ausschmückungen von Molineris (grau-gelbe Streifen und Feuerlilien) das Straßenbild, links der Palazzo Serralunga (an der Ecke zur Via Pierino Belli) und schließlich die beiden wunderschön restaurierten Palazzi Conti Belli (mit Terracottafriesen und dem in der Mitte stehenden, der Höhe des Daches angepaßten mittelalterlichen Turm) und De Giacomi-Bergui. Rechter Hand ziert ein Reigen von Musikanten, Hofdamen und Kavalieren die rote Fassade der Casa Fontana.

Ein Stück weiter geht die Straße in die **Piazza Risorgimento** über. Ein großes Rechteck zieht sich über die rote Fassade des **Duomo**: flach, leicht schwebend, erscheint

Ein Spiel namens Pallone Elastico

Gespielt wird auf einem sogenannten »Sferisterio«. Es handelt sich um eine Art Tennis, die Punktezählung ist gleich. Es gibt jedoch nur eine imaginäre Grundlinie. Schlägt man den Ball über diese Linie hinaus, gewinnt man einen Punkt, statt ihn zu verlieren: das ist die berühmte »Intra«, die höchste Wertung, die man bei diesem Ballspiel erreichen kann. Der Spieler hat die Möglichkeit, den Punktgewinn auf das nächste Spiel zu verschieben, indem er auf dem Spielfeld auf die Stelle, wo der Ball gelandet ist, vorrückt. Das nennt man »Caccia«. Das sind die Regeln des Spiels. Doch selbst Ingenieure, Journalisten, Forscher und Gelehrte, die auf ihrer Reise durch die Langhe die Atmosphäre auf einem »Sferisterio« mitbekommen wollen, kleben mit ihren Augen am Ball und fragen nach drei Stunden Spiel, ausgiebigsten Erklärungen und der x-ten Caccia mit einem Lächeln: »War das jetzt nicht ein Punkt?« Nur nicht verzweifeln. Wer nicht schon als Kind den Rauch schwerer Zigarren, gesunden Schweißes und sengender Sonne an einem Sonntagnachmittag auf einem Sferisterio oder irgendeinem Platz in den Langhe eingeatmet hat, wird sich dieses Spiel nie zu eigen machen können. Es ist ein langsamer und unerbittlicher Mechanismus, ein Spiel, wie das Leben auch. Vielleicht werden Sie zufällig den Regeln näherkommen, vielleicht werden Sie sich von manchem schnellen Ballwechsel hinreißen lassen können, eine vorsichtige Wette abgeben, aber Sie werden dieses Spiel nie wirklich verstehen. Heute sind einige Regeln geändert worden, um manche Ballwechsel zu verein-

fachen. Bis vor wenigen Jahren waren die feierlichen »Spaziergänge« der vier Spieler in langen, weißen Hosen, die beständig das Feld wechselten, um sich eine Caccia nach der anderen zu liefern, das übliche Ritual. Das warf bei den Touristen natürlich eine weitere Frage auf: Wie kann man in diesem Aufzug Sport treiben? Die Antwort: Wer hat denn gesagt, daß das ein Sport ist? Dieses Problem wurde gelöst: Heute spielt man einfach in kurzen Hosen. Manchmal dauert ein Match sechs, sieben Stunden. Immer auf den Beinen, eingekreist von einer bunten, aber begeisterten Meute, besessen von den Rufen der Buchmacher und dem ständigen Kommen und Gehen der Verkäufer von Eisgetränken, kann die Konzentration schon mal nachlassen.

Das Spiel des Pallone Elastico sieht eben keine Vermittlung vor. Ich erinnere mich an meinen Großvater, der mich, als ich noch sehr klein war, zu den Spielen mitnahm. Er dachte nicht im Traum daran, mir das Spiel zu erklären. Wenn ich eine Frage stellte, seufzte er nur und murmelte unwillig: »Hast du denn keine Augen?« Folgen auch Sie dem Rat meines Großvaters, wenn Sie sich auf die Reise in die Langhe begeben: Reißen Sie die Augen weit auf und lassen Sie sich von den Gesichtern anstecken, von den Farben, vom Klang des Dialekts, von der Schönheit des einen oder anderen Ballwechsels. Und denken Sie daran, daß Sie auf diesem Rechteck der Langhe, dem Spielfeld, eine der wahrhaftigsten und wichtigsten Traditionen dieses Landes erleben.

(Piero Sardo)

Kaffee und Aperitif

Bar Brasilera
Via Roma, 2

Caffè Calissano
Piazza Duomo, 3

Il Gelatiere
Corso Fratelli Bandiera, 13

Bar Roma
Via Alberione, 3 b

Caffè Rossetti
Piazza Rossetti, 4

Bar Savona
Via Roma, 2

Caffè Tiffany
Corso Langhe, 76

Caffè Vergnano
Via Cavour, 11,
Angolo Via Macrino

Innenansicht Dom.

Hölzernes Chorgestühl im Dom.

es wie eine nicht dazugehörende Figur, die ausgeschnitten und auf fremdem Hintergrund angebracht wurde. Seine gotischen Linien unterscheiden sich deutlich von der klassischen Formensprache der anderen Wände. Bei der letzten Renovierung,1868, wurde sie von dem Architekten Eduardo Arborio Mella herausgehoben, der auch die zentrale Rosette öffnete und die seitlichen Strebepfeiler verlängerte. Zehn Jahre später wurden an der Fassade die Statue von San Lorenzo und die Symbole der vier Evangelisten angebracht: der Engel (Angelo) des Matthäus, der Löwe (Leone) des Markus, der Stier (Bove) des Lukas und der Adler (Aquila) des Johannes, deren Initialen den Namen Alba ergeben. Von der mittelalterlichen Struktur blieben die drei Portale erhalten. Im Inneren verdient der hölzerne Chor von Bernardo da Codogno aus dem 16. Jahrhundert Beachtung. Jeder Chorstuhl ist mit verschiedenen Intarsienbildern versehen, perspektivische Studien von Büchern im Regal bis zu städtischen Miniaturen, vom Obstkorb bis zum Finkenkäfig.

Draußen eine rasche Abfolge von Portalen, mal größer, mal kleiner, mal steigend, mal fallend, wie die Tasten eines Klaviers. Hier eine neu gestrichene Fassade, dort andere, die, beschädigt und verblaßt, noch warten müssen. Auf den geometrischen Balkonen Blätter und Blüten aus Eisen. Im Vordergrund links, die mittelalterlichen Linien des **Palazzo Comunale** mit seinen Bögen aus Terracotta und dem Kreuzgewölbe auf den Säulen des Laubengangs. Entlang der Freitreppe, die in den Sitzungssaal führt, Fresken aus dem 14. und 15. Jahrhundert, die aus der Chiesa San Domenico stammen. Bei jüngsten Restaurierungsarbeiten wurden die Originalfarben der Werke im Inneren wiederhergestellt: ein großes Tafelbild von Macrino d' Alba aus dem Jahre 1501, auf dem die Jungfrau mit dem Kind zwischen dem hl. Franziskus und dem hl. Thomas von Aquin und zwei Auftraggebern dargestellt ist, sowie »Il Concertino«, das Mattia Preti zugeschrieben wird, und der »Jungfrau mit Kind und Heiligen« eines unbekannten Schülers von Macrino, aber auch ein neueres Bild aus der Jahrhundertwende von Pinot Gallizio.

Der Anfang der **Via Cavour** ist eine der schönsten Ecken Albas. Ein kurzes, gewundenes Stück, gesäumt von Turmhäusern und mittelalterlichen Palazzi, die hie und da nach dem Geschmack des 19. Jahrhunderts umgebaut wurden, wie etwa die Casa Parruzza, rechts unterhalb des gleichnamigen, gekürzten Wohnturms. Die Fundamente des Palazzo stammen aus dem Mittelalter, sein Aussehen, mit den hohen, rechteckigen Fenstern, den Bogenfeldern und Umrahmungen, ist jedoch neoklassizistisch. Das gleiche gilt auch für die gegenüberliegende Loggia dei Mercanti, einem herrlichen Gebäude aus dem 14. Jahrhundert, mit dicken, quadratisch geschnittenen Säulen, die sich zu Spitzbögen schließen. Die tiefen, dunklen Portale unter den Laubengängen sind in der Mitte durch die Fassade geteilt (die Geschäfte reagierten so auf den sich immer mehr ausbreitenden Markt). Etwas weiter oben wird die Fassade verziert durch drei Reihen Friese aus Terracotta mit Engeln und Blättern, Fensterumrahmungen aus dem 18. Jahrhundert sowie einem Fries aus kleinen Kreuzbögen.

Gian Giacomo Alladio, auch Macrino genannt (1470 bis 1528), war eine bedeutende Figur der Renaissancemalerei in Piemont. Er wurde durch die Bologneser Schule und Perugino beeinflußt. Seine Arbeiten aus den Jahren 1494-1513 befinden sich in Alba in der Chiesa di San Giovanni und im Palazzo del Comune (auf diesem Foto: »Anbetung des Kindes«). Sein Meisterwerk befindet sich in der Pfarrkirche von Neviglie (ebenfalls in den Langhe, nicht weit von Alba entfernt): das Bild »Hochzeit der heiligen Katharina« drückt am besten seine Vorstellung von Malerei aus. Weitere seiner Werke befinden sich im Museo d'Arte Antica in Turin und in der Certosa von Pavia.

Markt.

Links führt die Via Macrino zur Piazza Elvio Pertinace. Sie erreichen die quer über den Platz laufende Allee und kehren den Wohnpalästen aus den 60er Jahren, die das mittelalterliche Aussehen des kleinen Platzes ausgefranst und gefährdet haben, den Rücken. Rechts befindet sich die wuchtige, massive Casa Graziano, einst »Castellaccio« genannt, im Vordergrund das Turmhaus Riva mit Spitzbogenfenstern und Terracottafries. Den Abschluß des kleinen Panoramas bildet die barocke Fassade von San Giovanni. Im Inneren der Kirche, in der ersten Kapelle links, befindet sich das riesige Tafelgemälde »Madonna delle Grazie« aus dem Jahre 1377 von Barnaba da Modena, stilistisches Vorbild für alle Künstler, die damals in Alba wirkten. Ebenfalls auf der linken Seite, in der dritten Kapelle, hängt das Bild »Adorazione del Bambino con Madonna e Santi« von Macrino d' Alba aus dem Jahre 1508.

Markttag

Der samstags stattfindende Markt ist das pulsierende Herz von Alba: er flutet die Via Maestra und die Via Cavour, überschwemmt die Plätze, nagt sich in jeden Raum, Regeln folgend, die bereits im Mittelalter festgelegt wurden. Die Straßen sind fest in der Hand der Textilhändler, auf den Plätzen kann man uralte Stände entdecken und rare traditionelle Gaumenfreuden genießen.

Auf der Piazza San Giovanni steht ein Verkaufstisch mit militärischer Bekleidung: Hemden, Hosen und Lumberjacks für die Arbeit zwischen den Rebstockreihen und in den Feldern. Unter den Arkaden verkaufen die Bauern der Hohen Langhe zuweilen Tuma, eine Käsespezialität aus dieser Gegend. Und dann gibt es natürlich den kulinarischen Markt, auf dem man hausgemachte Spezialitäten wie Marmeladen und eingemachtes Obst kaufen kann. Auf der Piazza San Francesco trifft man auf einen alten Martinet, der handgeschmiedete Hacken, Sensen, Beile und Harken anbietet: teuer, aber unzerstörbar. Auf dem Viehmarktplatz bekommt man Baccalà (Stockfisch) und verschiedenste Oliven. Es gibt frischen Fisch und Käsestände mit einer Auswahl hochwertiger Käse, wie man sie in keinem Geschäft der Stadt erhält. In einer anderen Ecke findet man Produkte aus dem Süden, wie Oliven, getrocknete Tomaten, Feigen oder Salami aus Kalabrien. Und nicht zu vergessen natürlich das Obst und Gemüse auf dem grünen Markt: Wenn Sie sich etwas umschauen, können Sie die Körbe der Bauern entdecken, die ihre selbstangebauten Produkte nach Alba bringen.

Das Museum Federico Eusebio

Wie in einem großen Geschichtsbuch kann man quer durch die Schaukästen des Museums Eusebio die grundlegenden Veränderungen der Region um Alba ablesen, in einer faszinierenden Zeitreise, die, von Saal zu Saal, Millionen von Jahren durchläuft. Eine Reise, die vor 30 Millionen Jahren beginnt, als die gegenwärtige, südliche Grenze der Langhe nichts weiter war als ein Teil des Golfo Padano, eine Klippe kristalliner Felsen, die vom Meer umspült wurde.

Am Eingang zur 1972 eröffneten naturwissenschaftlichen Abteilung erzählen zwei Fossilienabdrücke eines großen Palmenblattes, das in Roddi gefunden wurde, zusammen mit Haifischzähnen, Korallen, versteinerten Krabben und Muscheln, von einer Epoche tropischer Wälder. Überreste eines Mastodons mit Rüssel, wiederentdeckt in Montà, sind Spuren der darauffolgenden Ära: das Ende des Pliozäns, als der Grund des Golfs sich anhob, das Meer sich nach Osten zurückzog und die neuentstandene Langhe eine Art Maremma (Sumpfgebiet) wurde, bevölkert von Flußpferden, Wildschweinen, Elefanten, Hyänen und Geparden. Entlang des Tanaro, dem größten Fluß der Region, entstanden die ersten menschlichen Ansiedlungen.

Über die Ursprünge der Menschheit erfährt man im ältesten Teil des Museums, der archäologischen Abteilung, die 1897 von Federico Eusebio ins Leben gerufen wurde. Die ersten prähistorischen Funde machten Giovan Battista Traverso gegen Ende des 19. Jahrhunderts und Pinot Gallizio Mitte des 20. Jahrhunderts. Aus ihrer Sammlung, deren Großteil in Rom und Turin ausgestellt ist, sind besonders einige Beile aus poliertem, grünem Stein interessant. Keramikobjekte, Skelettreste und ein bei Roddi, im Tanaro gefundenes Bronzeschwert sind Zeugnisse aus dem Neolithikum, des Bronze- und in Folge des Eisenzeitalters. Die meisten Fundstücke beschäftigen sich natürlich mit dem goldenen Zeitalter der Stadt, der Epoche von *Alba Pompeia*, das von Plinius als eine der herausragenden Städte beschrieben wird, die die gesamte Region zwischen Apennin und Po zum Leuchten brächten. Zu den wichtigsten Ausstellungsstücken zählen der Grabstein von Caius Cornelius Germanus und Valeria Marcella sowie die Marmorstele von Caius Didius Vicarius. Weitere interessante Exponate sind der auf den Rest eines Säulenbalkens eingemeißelte Löwe, ein mit Akanthusblättern verziertes Kapitell, bauchige Vasen und Kelche aus Keramik sowie Öllampen, die man zur häuslichen Beleuchtung, aber auch während der Totenmesse verwendete. Sie wurden neben dem Verstorbenen aufgestellt, dazu legte man Geld, um den Fährmann Charon bezahlen zu können. Zu sehen gibt es auch Amphoren, kleine Glasflaschen, Würfel aus Knochen, Überreste von Statuen (besonders schön eine weibliche Büste aus dem 1.–2. Jahrhundert nach Christus), Urnen aus Ton, Epigraphe und Geld aus den verschiedensten Epochen, darunter auch aus der Zeit des Publio Elvio Pertinace, das wegen der kurzen Regierungszeit dieses Kaisers aus Alba sehr selten ist.

**Civico Museo Archeologico e
di Scienze Naturali »Federico Eusebio«**
Via Vittorio Emanuele, 19
Cortile della Maddalena
Tel. 01 73/29 00 92

Weiß, selten und duftend

Wir sind der festen Überzeugung, daß die weiße Trüffel aus Alba die beste von allen ist. *Tuber magnatum pico* ist der wissenschaftliche Name eines unterirdisch wachsenden Pilzes, der in Symbiose mit den Wurzeln verschiedener Bäume wächst: Eichen, Weiden, Pappeln und Linden. Der Name geht zurück auf den Turiner Arzt Pico, der ihn als erster im Jahre 1788 beschrieb. Seine Sporen keimen und wachsen im Kontakt mit den Wurzeln. Der Baum spielt also eine wichtige Rolle: Die »Trifolao«, die Trüffelsucher, merken sich die Bäume, die fast immer zur gleichen Zeit die wertvolle unterirdische Frucht schenken. Sie hüten ihre Geheimnisse und machen sich nur des Nachts mit ihrem Hund auf die Suche, um nicht von Konkurrenten überrascht zu werden. Die Taschenlampe schalten sie erst am Fundort an. (Man erzählt sich, daß ein »Trifolao« seiner Familie erst an seinem Sterbebett seine Fundorte verriet.) Mit einem präzisen Befehl und einem Stück Brot zur Belohnung gebieten sie ihrem Mischlingshund kurz vor dem Ziel Einhalt, wenn er mit seinen Pfoten die Erde aufwühlt und die Trüffel zerstören könnte.

Der »Trifolao« entfernt behutsam die Erde rund um die Trüffel und hebt sie dann mit den Händen aus, um sie sofort an die Nase zu führen. Der Duft ist das wichtigste bei einer Trüffel, dann kommen Festigkeit und Elastizität und natürlich die Größe. Ihre Beschaffenheit ist abhängig von den Baumwurzeln. Die Eiche bringt eine dunklere, knorrige und schwerere Trüffel hervor. Sie ist die gefragteste. Die Trüffel der Pappel dagegen ist deutlich glatter und weißer.

Die Geschichte überliefert uns Namen berühmter Trüffelsucher. Zum Beispiel Giuseppe Vivalda aus Monchiero, auch Copa genannt, oder sein Bruder Giovanni, dem das Bahnhofsrestaurant gehörte. Er macht sich auch heute noch zu früher Stunde mit seinem Hund auf. Bekannt sind auch die Gebrüder Oberto aus La Morra, die auch Gidio genannt werden. Gemeinsam ist allen die Genußsucht und der Ehrgeiz, die größte Trüffel auszugraben, um sie anläßlich der »Fiera del Tartufo«, die jedes Jahr im Oktober in Alba stattfindet, einer wichtigen Persönlichkeit zu überreichen. Staatsoberhäupter, Päpste und Künstler aus aller Welt haben schon von diesem edlen Wettstreit profitiert; er ist Giacomo Morra zu verdanken, dem größten Trüffel-Sponsor, den Alba je gesehen hat.

Die »Trifolao« haben sich zu einem Schutzverband zusammengeschlossen, dessen Sitz in Alba ist, wo sich auch die »Associazione Nazionale Città del Tartufo« befindet. Hier wurde die Anerkennung von DOC-Marken für dieses unterirdische Juwel eingeführt, das in Italien in immerhin sieben Versionen, die schwarze Trüffel inbegriffen, vorkommt. Die weiße Trüffel aus Alba wird frisch und roh verzehrt. Mit dem Trüffelhobel wird sie in hauchdünne Scheiben geschnitten, denn nur so kann sie ihr volles Aroma entfalten. Sie paßt gut zur Fonduta (einem warmen Käsegericht), zum Spiegelei, aber auch zu Tagliatelle mit zerlassener Butter und Salbei. Manche hobeln sie auch über den Risotto, die Carne cruda (eine Art Tatar) und einen Salat mit einheimischen Pilzen. Es ist Verschwendung, sie für reichhaltige Gerichte wie Schmorbraten, Civet, Bagna caoda oder Gerichte mit ausgeprägtem Geschmack und Duft zu verwenden. In den Langhe sagt man, daß die Trüffel den Körper erwärmt – daher auch ihr Ruf als Aphrodisiakum.

Der Herbst ist die beste Jahreszeit, um ihren Geschmack schätzen zu lernen, denn sie wird in der Regel von Ende September bis Ende Oktober gesammelt. Um sie einige Tage frisch zu halten, wird sie in ein rauhes, dickes, luftdurchlässiges Papier oder ein Stofftuch eingewickelt, das jeden Tag gewechselt werden muß, und an einem frischen Ort oder dem weniger kalten Teil des Kühlschranks aufbewahrt. Die Trüffel muß atmen können, und daher ist es nicht empfehlenswert, sie in ein Glasgefäß einzusperren. Sie können die Trüffeln auch außerhalb der Saison im Handel finden: Dann sind sie durch Erhitzen in Flüssigkeit sterilisiert und werden in diesem Saft konserviert. Sie verlieren natürlich an Aroma und Frische, schmecken aber immer noch sehr gut.

Eselrennen

Am ersten Oktobersonntag findet das Eselrennen statt, an den beiden darauffolgenden ist die »Fiera del Tartufo« im vollen Gange.

Daß hier seit mehr als 60 Jahren Esel statt Pferde an den Start gehen, ist ein kleiner Racheakt an der Nachbarstadt Asti, die im Jahre 1275 ihren Palio direkt unter den Mauern der besiegten Stadt Alba abhielt. So findet alljährlich zur selben Zeit unter dem Gelächter der Zuschauer der spaßhafte Wettkampf der Esel aus den sechs Stadtteilen statt. Zuvor zieht der Kostümzug »Giostra delle Cento Torri« durch die Stadt.

Die Fiera feiert alljährlich den Kult um den weltberühmten unterirdisch wachsenden Pilz, der immer seltener und teurer wird, sei es wegen des wahllosen Einsatzes

von Pflanzenschutzmitteln oder der Verödung der Landschaft. Auch die immer kleiner werdende Zahl der Trifolao, der Trüffelsucher, trägt dazu bei, daß der Handel mit Trüffeln zurückgeht.

Ein Kilo Trüffeln kostet ein mittleres Monatseinkommen, daran hat sich seit der ersten Trüffelmesse im Jahre 1929 nichts geändert. Die heutige Veranstaltung hat jedoch Mühe, trotz der Fülle von interessanten Angeboten beim Essen und Trinken, ihr eigenes Gesicht zu finden.

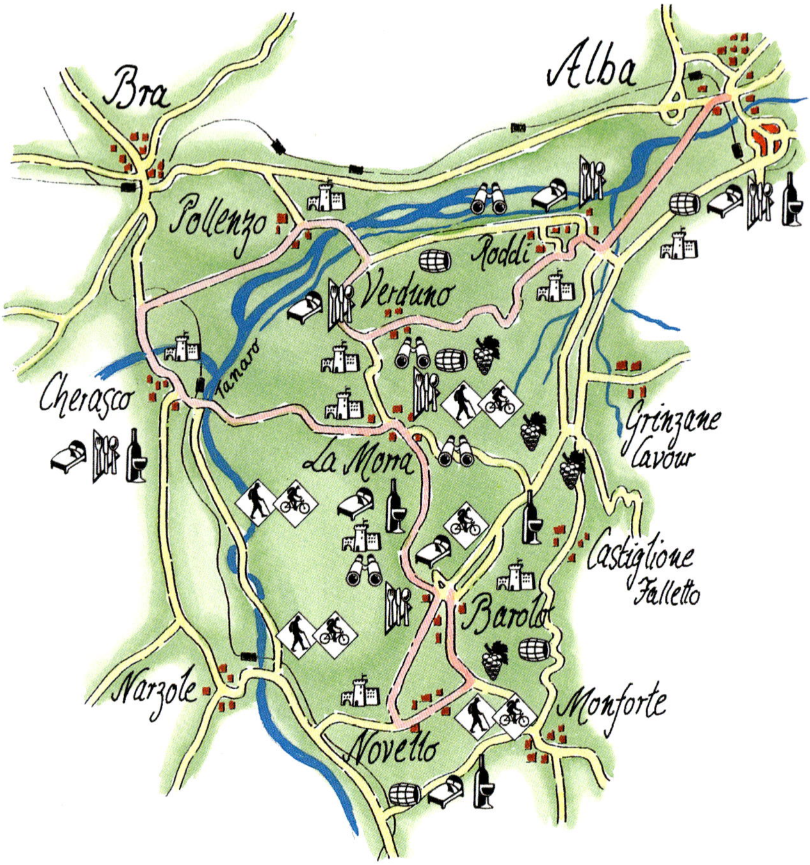

Von Alba nach Barolo, map showing Bra, Alba, Pollenzo, Roddi, Verduno, Cherasco, La Morra, Narzole, Barolo, Novello, Monforte, Grinzane Cavour, Castiglione Falletto, Tanaro

Ausgangsort:
ALBA

Zielort:
BAROLO

Länge:
42 KM

*Voraussichtliche
Dauer des Ausflugs:*

 36 STD.

 48 STD.

Von Alba nach Barolo
über Roddi, Verduno, Pollenzo, Cherasco, La Morra
und Novello

Abstecher:

 **LA MORRA, BAROLO UND
NOVELLO**

In den lebendigen Weinbergen
Von Alba nach Barolo

Wenn Sie von Alba aus die Provinzstraße nach Barolo einschlagen, biegen Sie, bevor Sie das Zentrum von Gallo Grinzane erreichen, rechts in Richtung Bra ab; kurz danach fahren Sie links den Hügel hinauf und kommen in das Dorf **Roddi**. Sie haben gerade das fruchtbare Flachland der Talsohle, die von dem Fluß Tanaro bewässert wird, verlassen. Der Name Roddi stammt von dem keltischen Wort »raud« oder »rod«, was »Fluß« bedeutet. Die Gegend ist Historikern bekannt wegen zweier berühmter Schlachten: die sogenannte

Die Langhe: Rebstockreihen, soweit das Auge reicht.

TIPS & INFOS
Ausführliche Informationen finden Sie auf Seite 138.

RODDI

7 Kilometer von Alba
Einwohner: 1249
Höhe: 284 m ü. d. M.
Postleitzahl: 12060
Vorwahl: 0173

Informationen
Municipio
Piazza Umberto I, 2
Tel. 61 50 01

ÜBERNACHTEN

Enomotel Il Convento
Via Cavallotto, 1
Tel. 61 52 86

ESSEN

La Crota
Via Principe Amedeo, 1
Tel. 61 51 87
Montagabends und dienstags geschlossen

Sotto il Castello
Via Abrate, 13
Tel. 61 51 94
Mittwochs geschlossen

TIPS & INFOS
Ausführliche Informationen finden Sie auf Seite 143 f.

VERDUNO

11 Kilometer von Alba
Einwohner: 471
Höhe: 381 m ü. d. M.
Postleitzahl: 12060
Vorwahl: 0172

Informationen
Municipio
Via Roma, 2
Tel. 47 01 21

ÜBERNACHTEN

Albergo Real
Castello di Verduno
Via Umberto, 9
Tel. 47 01 25
Fax 47 02 98

Schlacht der »Campi Raudii«, in der der römische Feldherr Marius im Jahre 101 vor Christus die Kimbern besiegte, und jene, in der Stilico im Jahre 403 nach Christus die Goten von Alarich besiegte.

Von den glorreichen Zeiten der Römer ist im Ort nichts erhalten. Ein interessantes mittelalterliches Relikt hingegen ist das Kastell, mit dessen Bau um das Jahr 1000 begonnen wurde. Schließlich gelangen Sie auf die Piazzetta del Municipio, den wohl friedlichsten und eindrucksvollsten Platz in Roddi. Den Hintergrund bildet die anmutige spätbarocke Fassade der Pfarrkirche der Heiligen Jungfrau, während seitlich das Gemäuer des Kastells mit seinen beiden Türmen aus dem 12. und 15. Jahrhundert hervorragt. Der historische Kern klammert sich um eben jene und den Glockenturm aus dem 13. Jahrhundert; die kleinen Straßen sind konzentrisch angelegt. Durch die Ruhe, die selten von einem lärmenden Auto oder dem lauten Spiel der Kinder gestört wird, wirkt alles sehr beschaulich. Der einzige Schönheitsfehler ist der Betonwasserbehälter, über den die Gärten bewässert werden.

Sie verlassen Roddi und fahren die sanfte Steigung etwa 4 Kilometer bis nach **Verduno** hinauf. Auf dieser engen Nebenstraße sollte man langsam fahren. Kaum haben Sie Roddi hinter sich gelassen, werden schon die großen Nebbiolo-Weinberge sichtbar. Auf der Hälfte der Strecke taucht auf der rechten Seite die Lage Monvigliero auf. Monvigliero ist einer der historischen Weinberge von Verduno, bekannt und berühmt für seinen Barolo. Ein Barolo gelangte auf der Nordpolexpedition des Herzogs der Abruzzen im Jahre 1900 sogar bis in die Arktis. Wer keine Eile hat und sich die Beine vertreten

Castello von Verduno.

möchte, dem empfehlen wir einen kleinen Spaziergang auf dem Monvigliero. Schön ist die Aussicht, die hier geboten wird: Im Osten sieht man zum ersten Mal die Weinberge der Langhe, weit und ruhig ausgebreitet, angefangen mit den Lagen Breri und San Lorenzo, dann erheben sich weitere Weingärten an den Hängen von Santa Maria, bis sie am Horizont mit den Hügeln von La Morra zusammentreffen; im Westen das Tal des Tanaro mit dem gegenüberliegenden Kastell von Santa Vittoria und zu seinen Füßen die Großkellerei Cinzano; und dann die wellenförmige Anlage der Hügel des Roero – auch diese sind ein Stück Erde voll mit Geschichte und Wein.

Wenn Sie schließlich in Verduno angelangt sind, treffen Sie auf die Piazza del Castello. Das Kastell wurde Mitte des 18. Jahrhunderts erbaut. Es ging an den Senat von Turin, um in ein Krankenhaus umgewandelt zu werden.

ESSEN

Real Castello di Verduno ★
Via Umberto, 9
Tel. 47 01 25
Kein Ruhetag

John Falstaff ★
Via Schiavino, 1
Tel. 47 02 44
Montags geschlossen

EINKAUFEN

Wurstwaren
Macelleria salumeria Fava
Via Umberto I, 34

Dann wurde es im Jahre 1838 von König Carlo Alberto gekauft. Nach Vorstellungen des Königs sollte daraus ein Modell-Weingut werden – ein Versuch, dem nachzueifern, was die Marchesi Falletti im benachbarten Barolo bewerkstelligt hatten. Der General Staglieno, ein begeisterter Anhänger der Weinkunde, machte sich ans Werk, und so kam einer der ersten Baroli der Geschichte aus den Kellern des Kastells. Es ist auch heute noch intakt und dient als Weinlager. Aber für den Gott sei Dank größenwahnsinnigen König, der zu jener Zeit 14 Güter, verstreut zwischen Verduno, Roddi, Santa Vittoria und Bra, besaß, wurden diese Weinkeller ein wenig eng: Er verlegte sie in die Agenzia di Pollenzo und ins Moscatello di Santa Vittoria, und das Kastell wurde zum Landsitz der königlichen Familie. Die Jahre vergingen, und

Die grasbewachsene Piazza von Verduno.

Der Wein des Glückseligen

Neben dem traditionellen Reben-reichtum der Langhe, zu dem Dol-cetto, Barbera, Nebbiolo (aus der hier Ba-rolo gemacht wird) und die weiße Favorita gehören, hat seit einiger Zeit auf den Hü-geln von Verduno auch die Pelaverga-Rebe Heimat gefunden und wird dort gepflegt. Diese Rebe und ihr Wein waren lange Zeit wenig bekannt und haben erst in den letz-ten Jahren größere Marktanteile erlangt und Beachtung bei den Kennern gefun-den.

Die Geschichte dieses Weins reicht in das frühe 18. Jahrhundert zurück, als ein Pa-ter, der selige Sebastiano Valfré, ein paar Weinpflänzchen aus der ca. 50 Kilometer entfernten Region Saluzzo mitbrachte. Der Pelaverga-Weinstock wird übrigens schon von Fantini in seiner umfassenden

Monographie über Weinbau und -technik in der Provinz Cuneo, die er in der zwei-ten Hälfte des 19. Jahrhunderts verfaßte, erwähnt.

Forscht man weiter in der Weinge-schichte, trifft man auf den Chronisten Giovanni Andrea del Castellar aus Sa-luzzo, der in der ersten Hälfte des 16. Jahr-hunderts über »dreißig Fässer Wein aus Pagno und Castellaro, die Margherita di Fois jedes Jahr an Papst Julius II. schickte«, schrieb. In jenem Wein, »Glücksbringer« genannt, kann man ohne Zweifel den Pelaverga erkennen.

Tatsache ist, daß diese Sorte in Verduno einen fruchtbaren Boden gefunden hat, so daß heute jede Weinkellerei des Ortes ihre eigene Version anbietet: Weinkenner wis-sen das zu schätzen, und somit steigt die Produktion stetig, und neue Rebanlagen sprießen aus dem Boden.

Der Pelaverga ist insgesamt äußerst eigen-artig, angefangen bei seinem Namen, der so seltsam ist, als sei er einem phantasti-schen Handbuch für Traubenkunde ent-sprungen, bis hin zu seinem Ruf und der Legende, daß er eine aphrodisierende Wirkung habe (was der selige Pater wohl nicht wußte).

Es ist ein Wein, der sich aufgrund seiner Geschmacksmerkmale von den großen Rotweinen der Langhe unterscheidet: seine rubinrote Farbe und sein charakte-ristischer Duft nach orientalischen Ge-würzen geben ihm eine lebendige und exotische Note und heben ihn ab von den eher strengen und stämmigen Weinen. Er ist vergleichbar mit einem jungen Lebens-künstler inmitten einer alten Landadels-familie. Mit seinem ausgefallenen Tempe-rament eignet er sich hervorragend für eine sommerliche Vesper oder einen nächtlichen Imbiß. Er fließt großzügig in die Gläser und macht mit seiner typischen Unbeschwertheit einfach Spaß.

Eine Pelaverga-Rebe.

das Gebäude verwaiste fast, bis es im Jahre 1910 von dem Commendatore Giovan Battista Burlotto, einem der Väter des Barolo, gekauft wurde. (Kurios ist die Fassade seines antiken Weinkellers in der Via Vittorio Emanuele 28, die mit den Trophäen geschmückt ist, die er auf Weinausstellungen in aller Welt gewonnen hat.) Heute ist dort ein Hotel mit Restaurant untergebracht, in dessen Sälen und Räumen man die Atmosphäre der alten Zeiten noch spüren kann.

Auf der Piazzetta vor dem Kastell zeigt sich die spätbarocke Pfarrkirche San Michele Arcangelo. Im Inneren, wo die feierliche Atmosphäre bis heute bewahrt geblieben ist, hängt das Porträt des seligen Sebastiano Valfré, der wahre Stolz des Dorfes, in dem er in der ersten Hälfte des 17. Jahrhunderts geboren wurde. Er war Kaplan am Hofe des Savoyenkönigs Vittorio Amedeo II.

WEINKELLEREIEN

Fratelli Alessandria
Via Beato Valfré, 59
Tel. 47 01 13

Bel Colle
Borgata Castagni, 56
Tel. 47 01 96

Antonio Brero
Via V. Emanuele II, 17
Tel. 47 02 16

Andrea Burlotto
Via Laneri, 6
Tel. 47 01 52

**Commendator
G. B. Burlotto**
Via V. Emanuele, 28
Tel. 47 01 22

Castello di Verduno
Via Umberto I, 1
Tel. 47 01 25 und 47 02 84

La Cantina
Region Olmo
Tel. 7 72 78

Trompe l'œil und Trophäen an der Fassade der Weinkellerei G. B. Burlotto.

und begleitete den König auf alle Schlachtfelder. Im Jahre 1706, während der Belagerung Turins durch die Franzosen, tat er sich besonders hervor, indem er das Militär und die Bevölkerung zum Widerstand aufrief. Die Menschen hier verdanken ihm aber vor allem, daß er die Pelaverga-Rebe in diese Hügel gebracht hat, für die Verduno bekannt ist. Mit dem Pelaverga-Wein wird hier auch eine Salami hergestellt: Sie können diese und andere gute Wurst und Fleischwaren in der Metzgerei Fava, einige Schritte vom Kastell entfernt, kaufen.

Aber der phantastischste Ort in Verduno ist seine grasbewachsene Piazza, zu der man nur zu Fuß, vom darüberliegenden Platz des Kastells aus, gelangt. Der Belvedere – so wird der Platz hier genannt – bietet dem

Chiesa di San Vittore in Pollenzo.

Besucher das gesamte Szenario der Langhe und zugleich den Zauber eines erholsamen, schattigen, ruhigen Ortes. Hier zeigt das Dorf, mehr als anderswo, seine friedliche Seele und liebliche Lage zwischen den »blühenden Hügeln«, auf die sein keltischer Name schon hinweist.

Von Verduno aus lohnt es sich, einen kleinen Umweg von sieben Kilometern über die Provinzstraße Richtung Bra, nach **Pollenzo** zu machen. Wenn Sie die Brücke des Tanaro überqueren, erblicken Sie zu Ihrer Linken zwei Pfeiler im neo-maurischen Stil: Sie stützten einst eine Hängebrücke aus Eisen und Holz, ein Schmuckstück der Brückenarchitektur des 19. Jahrhunderts, das während des letzten Weltkrieges zerstört wurde. Vittorio Emanuele II. wollte hier eine Kopie des »Pont d'fer«, der 1840 in Turin gebaut wurde, errichten.

Jenseits der Einfriedungsmauer, die die Straße entlangführt, befindet sich der Park des Kastells, das heute in Privatbesitz ist. Von der ursprünglichen Anlage ist wenig erhalten: Äcker und Pappelhaine haben den Platz des damaligen englischen Gartens mit seinen Wasserfällen, Brunnen, Teichen und Brücklein eingenommen.

Pollenzo ist eine kleine Ortschaft, die große Momente erlebt hat: Zur Zeit der Römer war sie unter dem Namen Pollentia eine blühende Handelsstadt; in der Mitte des vergangenen Jahrhunderts wurde sie ein fortschrittliches Landwirtschaftszentrum und die bevorzugte Residenz des sardischen Königs Carlo Alberto di Savoia.

Gegründet gegen Ende des 2. Jahrhunderts vor Christus, war Pollentia zur Zeit der Römer von Mauern und Türmen umgeben und verfügte über ein Theater, Thermen und ein Amphitheater für siebzehntausend Zuschauer.

Als Schnittpunkt der Straßen, die hier aus Turin, Asti und von der nahen ligurischen Küste zusammenliefen, blühte sie fünf Jahrhunderte lang. Im Jahre 402 nach Christus wurde mit dem Untergang der Westgoten auch ihre Macht zerstört.

Von dem Land um La Morra, über das die Straße von Verduno nach Pollenzo führt, stammten wahrscheinlich die Weine, mit denen Pollentia so regen Handel führte: davon zeugt die Grabstele des Mercator Vinarius Marcus Lucretius Crestus, die hier gefunden wurde und im Palazzo Traversa in Bra ausgestellt ist. In der römischen Zeit war Pollenzo auch berühmt für Färberei von Wolle und die äußerst fein gearbeiteten Vasen und Kelche, die von Plinius gepriesen wurden.

Wenn Sie die Via Regina Margherita einschlagen, befinden Sie sich auf den Stufen des römischen Amphitheaters, die jetzt als Fundament und Keller der Häuser aus dem Mittelalter dienen. Im Zentrum, etwas tiefer gelegen, kann man noch die ellipsenförmige römische Arena erahnen, die jetzt als Garten und Hof angelegt ist. Von den großartigen Überresten der öffentlichen Gebäude, des Theaters, des Amphitheaters, des Aquädukts, blieben nur die wunderschönen Reliefs der ersten Gelehrten der Stadt, Franchi Point und Randoni, die zwischen Ende des 18. Jahrhunderts und den Anfängen des 19. Jahrhunderts wirkten. In dem bereits erwähnten Museum Craveri und im Palazzo Traversa, ebenfalls in Bra, findet man die Zeugnisse ihrer Arbeit und andere archäologische Fundstücke.

Aber das kleine Dorf ist vor allem gekennzeichnet durch den weitläufigen Gebäudekomplex, der auf Carlo Alberto di Savoia zurückgeht, der hier seiner Leidenschaft für die Landwirtschaft nachging und hier am liebsten ein kleines savoyardisches Versailles errichtet hätte. Das Kastell, die Bauten der Agenzia, das Gut Albertina und die Weinkeller des Moscatello, einziger Erguß pseudogotischen Stils, sind das Ergebnis der Arbeiten, die zwischen 1838 und 1849 zum Teil auf den Fundamenten bereits bestehender mittelalterlicher Gebäude durchgeführt wurden. Das Herz dieser Landresidenz ist die Piazza Vittorio Emanuele II. – am Ende der Via Carlo Alberto, durch die Sie in den Ort kommen –, die im

Die Grabstele wird in Bra im Museo Civico Archeologico Storico e Artistico Craveri ausgestellt (Via Parpera, 4, Tel. 42 38 80 Besichtigung: mittwochs und donnerstags von 15.00-18.00 Uhr, sowie am zweiten Wochen-

ende des Monats samstags und sonntags 10.00-12.00 Uhr und 15.00-18.00 Uhr). In Bra befindet sich der Hauptsitz von Arcigola Slow Food, dem auch die Osteria del Boccondivino angeschlossen ist (Via della Mendicità Istruita, 14, Tel. 42 62 07). Ein kleiner Abstecher dorthin ist quasi ein Muß.

Norden und Süden von zwei parallelen Laubengängen eingeschlossen ist; auf der östlichen Seite befindet sich die Chiesa di San Vittore (bemerkenswert der hölzerne Chor und die Kanzel) und der große Bogen, der den überdachten Weg zwischen dem Park und der königlichen Loge in der Kirche stützt. Links davon befindet sich das Schloß (in Privatbesitz, sehr schwer zu besichtigen), dem die Veränderungen, die im 19. Jahrhundert vorgenommen wurden, deutlich anzusehen sind. Carlo Alberto wollte es verschönern und ließ den Hof in einen Festsaal umwandeln. In seiner mittelalterlichen Form erhalten, wenn auch veredelt, ist allein der zylindrische Eckturm. Auf der westlichen Seite des Platzes öffnet sich ein großes Gebäude im mittelalterlichen Stil, »Agenzia« genannt, welches Zentrum der landwirtschaftlichen Güter der Savoyer wurde. Damit hing auch die Besitzung von Racconigi und der Tuffsteinkeller des Moscatello zusammen. Sie wurde nie fertiggestellt und später an Francesco Cinzano verkauft, der dort seine Produktion von Vermouth und Sekt begann. Der Wachturm auf der rechten Seite des Platzes ist eine weitere Stilübung des 19. Jahrhunderts, die, wie man annimmt, einer schwimmenden Bühnenkonstruktion nachempfunden ist, die während eines Festes in Turin auf dem Po schwamm. In der Via Adelaide di Savoia auf der rechten Seite liegt dann der große landwirtschaftliche Bau der Albertina, der noch fast vollständig intakt ist.

In den nächsten Jahren soll die Agenzia von Pollenzo auf Initiative von Slow Food Arcigola restauriert werden. Man möchte darin ein Weindepot, ein Hotel mit Restaurantbetrieb sowie eine europäische Accademia del

Oben: Cherasco, Stadtturm.
Rechts: Bogen an der Porta
Narzole.

Gusto unterbringen, in der Hoteliers, Gastwirte, Selbst-
erzeuger, Köche und Angestellte der Tourismusbranche
ausgebildet werden sollen.

Von Pollenzo nach **Cherasco** sind es nur ein paar Kilometer in Richtung Roreto-Cuneo. Nur wenige Hektar
des Gemeindegrundes fallen unter das Gebiet des
Barolo. Cherasco hat aber eine sehr alte Geschichte, ist
reich an Baudenkmälern, und ein Besuch in dieser Stadt
ist äußerst empfehlenswert.

Das Dorf ist ligurischen Ursprungs, wurde später aber,
wie einige Funde beweisen, eine römische Siedlung mit
dem Namen Clarascum. Die Gründung der Stadt
Cherasco geht auf das Jahr 1243 zurück; damals erhob
sich eine Festung auf der Hochebene, wo die Flüsse
Tanaro und Stura zusammenfließen. Die strategische
Lage bestimmte lange ihre Funktion als wichtiger militärischer Stützpunkt, was sich auch im Stadtbild nie-
derschlägt. Ungewöhnlich ist der regelmäßige Grund-
riß, der, ähnlich den römischen *castra*, rechtwinklige
Straßen in Schachbrettmuster vorsieht. Die lange und
wechselvolle Geschichte der Stadt ist durchsetzt von
Zerstörungen und Wiederaufbauten, von Blüte und
Verfall, dem unaufhörlichen Wechsel von einer Unter-
werfung zur anderen.

Der Fußweg, der im Norden der Stadt auf den Überresten der Mauern verläuft, bietet ein wundervolles Pa-

Cherasco, Kirche Santa Maria del Popolo.

TIPS & INFOS
Ausführliche Informationen finden Sie auf Seite 119ff.

CHERASCO

22 Kilometer von Alba
Einwohner: 6880
Höhe: 288 m ü. d. M.
Postleitzahl: 12062
Vorwahl: 0172

Informationen
Municipio
Piazza Umberto I
Tel. 48 94 98

Ufficio Turismo
Piazza Umberto I
Tel. 48 93 82

ÜBERNACHTEN

Hotel Napoleon
Via Aldo Moro, 1
Tel. 48 82 38

ESSEN

Osteria della Rosa Rossa
Via San Pietro, 31
Tel. 48 81 33
Mittwochs und donnerstags
geschlossen

La Lumaca
Via San Pietro,
Ecke Via Cavour
Tel. 48 94 21
Montags und dienstags
geschlossen

Der Bogen des Belvedere.

norama auf die Landschaft und die Überreste aus dem Mittelalter: die herrliche Allee mit den gigantischen Platanen, die zum Schloß der Visconti aus dem 14. Jahrhundert führt (in jüngster Zeit restauriert), den Stadtturm, die römisch-gotische Fassade und den Glockenturm der Chiesa di San Pietro, den Glockenturm der Chiesa di San Gregorio, den Palazzo Brizio di Veglia, der Palazzo Lellio mit seinen Spitzbogenfenstern.

Nach einer besonders dramatischen Epoche erfuhr die Stadt ab Mitte des 16. Jahrhunderts eine ruhige Zeit. Unter der Herrschaft des Königs von Savoyen Emanuele Filiberto gelangte eine intensive Bauperiode zur Vollendung: Die Adelshäuser wurden verziert, die Kirchen renoviert, die Stadtmauern nach einem Entwurf des Architekten Ascanio Vittozzi wiederaufgebaut, das Kastell, zum Teil zerstört, neu errichtet. Cherasco wurde in dieser Zeit einer der bevorzugten Aufenthaltsorte des Hofes Savoyen, und die Stadt erlangte den barocken Glanz eines wertvollen Schmuckstücks, den sie bis heute, trotz moderner Bausünden, erhalten hat.

Von den unzähligen Bauten, die in diesen Jahren entstanden sind, ist vor allem der Palazzo Salmatoris in der Via Veneto 29 sehenswert. Er ist von außen eher schmucklos, wie fast alle Herrschaftshäuser in Cherasco. Im Innern aber besitzt er weitläufige Säulengänge und Freitreppen, Innenhöfe und Gärten. Bemerkenswert sind die großartigen Fresken, die eine ungeheure szenische Wirkung besitzen; sie versetzen uns in die Hochzeit des

Barock zurück, der den Stil in dieser Stadt überwiegend prägt. Auf der gegenüberliegenden Straßenseite finden wir den Palazzo Chanaz und den Palazzo Carretto, die ebenfalls sehr sehenswert sind.

In der Via Ospedale befindet sich der Palazzo Gotti di Salerano, der durch sein prachtvolles Portal mit einer in Intarsien gearbeiteten Eingangstür besticht. Hier hatte der piemontesische Senat während der Belagerung Turins im Jahre 1706 seinen festen Sitz. Heute befindet sich in diesem Palazzo das Museum Adriani. Es ist von April bis Oktober sonntags zu besichtigen, im Juni und September auch samstags. Gegründet wurde das Museum mit der Sammlung eines Gelehrten aus Cherasco, der im letzten Jahrhundert aus Leidenschaft für das Altertum und die Geschichte Münzsammlungen, Inschriften und verschiedene kostbare Antiquitäten zusammengetragen hatte (Via Ospedale 40, Tel. 48 94 98). In demselben Palazzo finden Sie auch einen Freskenzyklus zum Thema Weisheit.

Diese Zeit des Glanzes überdauerte auch die Pestepidemie, die sich 1630 über das gesamte Piemont ausbreitete. Cherasco blieb verschont und beherbergte zu dieser Zeit den Hofstaat, der aus Turin geflohen war. Die Chiesa di Sant'Agostino mit ihrem ausladenden Barock ist ein typisches Beispiel für die religiöse Architektur in Cherasco und geht auf eben jenes Ereignis zurück. Die Kirche wurde zur Einlösung eines Gelübdes, das der Muttergottes während der Epidemie geleistet

Oben: Cherasco ist eines der italienischen Zentren für Schneckenzucht. Jedes Jahr veranstalten die Vereinigung der Züchter und das »Centro Nazionale di Elicoltura« Ausstellungen und Treffen sowie Feinschmeckerfeste. Dementsprechend gibt es natürlich auch eine Bottega für dieses Tierchen. Bekanntlich ist die Schnecke auch das Symbol von Slow Food.
Links: Die Fassade der Chiesa San Pietro in Cherasco.

EINKAUFEN

Baci di Cherasco

Pasticceria Barbero
Via V. Emanuele, 72

Pasticeria Ravera
Via Cavour, 15

Cherasco-Schnecken

Cherubino Germanetto
Via Genova, 7
Frazione Bricco

Istituto Internazionale di Elicicoltura di Cherasco
Via V. Emanuele, 32
Tel. 48 84 78
Fax 48 92 18

Euro Helix
Via Sant' Iffredo, 20a

Cherubino Germanetto
Frazione Bricco
Via Genova, 7

Wein

Enoteca La Lumaca
Via Cavour, 8

Antiquitäten

Romano Garino
Corso Luigi Einaudi, 3

Dario e Silvio Genesio
Via V. Emanuele, 42a

Ernesto Genesio
Via Monte di Pietà, 19

Felice Passone
Via Ferraretto, 7

wurde, erbaut. Die Fassade gestaltet sich sehr schlicht. Die wahre Stärke dieses Bauwerks besteht aber in der perfekten Abstimmung mit dem angrenzenden Arco del Belvedere, der von demselben Baumeister errichtet wurde.

Den Folgen eines weiteren Krieges ist die Perle der religiösen, barocken Architektur Cherascos zu verdanken: die Chiesa di Santa Maria del Popolo, die in den Jahren 1693 bis 1709 von den Augustinermönchen aus den Trümmern eines zerstörten Mauerturms erbaut wurde. Von diesen Zerstörungen waren alle Festungen Piemonts als Folge der Niederlage, die Vittorio Amedeo gegen den König Frankreichs erlitten hatte, betroffen. Der Bau ist ausladend und zugleich elegant. Die prunkvollen Stuckverzierungen im Innern, die fast alles bedecken, stammen von Domenico Beltramelli. Sie sind ein Zeugnis für die anmutige Lebhaftigkeit des Rokoko des 18. Jahrhunderts.

Im 18. Jahrhundert erlebte Cherasco noch einmal eine Blütezeit. Die Stadt ist zu einem aktiven Handelszentrum geworden, mit der bedeutungsvollen Präsenz einer

Cherasco, Platanenallee.

starken jüdischen Gemeinde. Für diese bildete sich in dieser Zeit auch das Ghetto zwischen der Via Vittorio und der Via Ospedale. Dort befindet sich auch heute noch die Synagoge. Unzählige Bauten entstehen in dieser Zeit, wie das Krankenhaus und das Hospiz der Barmherzigkeit. Viele antike Gebäude wurden neu aufgebaut und erweitert, wie die Kirchen San Gregorio, San Martino und San Pietro. Im Jahre 1750 begann jedoch mit der Aufhebung der Präfektur von Cherasco der Niedergang der Stadt. Später, im Jahre 1796, zieht Napoleon Bonaparte als Sieger in Cherasco ein und bezieht den Palazzo Salmaris als Residenz. Dort gibt er am 27. April die Bedingungen für die Kapitulation bekannt. Ein letztes Mal wird Cherasco Schauplatz der Geschichte. Um dieses Ereignis sind zahlreiche Legenden enstanden. Eine besagt, daß die größte Platane in der Burgallee von dem späteren Kaiser gepflanzt wurde. Damit enden die glorreichen Tage einer Stadt, die heute einen etwas schläfrigen, aber nicht wenig faszinierenden Eindruck macht. Sie gleicht einer alten Dame, die glanzvolle Zeiten gesehen hat.

Cherasco, Museum Adriani.

Cherasco

Sie werden keinen Monat, keine Woche, ja nicht einmal einen Tag im Jahr finden, an dem in Cherasaco nicht irgend etwas los wäre. Niemals werden Sie es erleben, daß die Stadt sich müßig auf den Lorbeeren ihrer Schönheit und Geschichte ausruht. Cherasco ist immer in Bewegung. Fortwährend sinnt man auf neue Möglichkeiten und Anreize, und jeden Tag wird eine zunächst als unüberlegt und utopisch erachtete Idee in die Tat umgesetzt.

Auf diese Weise kann man sich inzwischen eines in ganz Italien bekannten Antiquitätenmarkts rühmen. Er findet fünfmal im Jahr statt und ist jedesmal auf ein anderes Thema spezialisiert: mal stehen alte Spielzeuge im Mittelpunkt, mal antiquarische Bücher usw. Daneben gibt es eine Reihe von Ausstellungen, die mit viel Sorgfalt im Rathaus, in der Kirche San Gregorio, der Kirche Sant' Iffredo und vor allem im Palazzo Salmatoris aufgebaut werden. Bereits seit zwanzig Jahren existiert darüber hinaus ein Photoclub, der einen viel beachteten, nationalen Photowettbewerb organisiert. Nicht zu vergessen natürlich auch die internationalen Zusammenkünfte der Schneckenzüchter und der Oldtimerfans, die Konzerte, die Feste für jung und alt, die Weinfeste der umliegenden Orte, die Wettkämpfe der Bogenschießer, die Messe für alte Obstsorten und vieles mehr.

Die Zahl der Veranstaltungen in dieser rührigen Stadt ist schier endlos. Wir können Sie darum nur an das offizielle Touristenbüro (Tel. 01 72/48 93 82, Fax 48 92 18) verweisen.

TIPS & INFOS

Ausführliche Informationen finden Sie auf Seite 125ff.

LA MORRA

15 Kilometer von Alba
Einwohner: 2574
Höhe: 513 m ü. d. M.
Postleitzahl: 12064
Vorwahl: 0173

Informationen
Municipio
Via San Martino, 1
Tel. 5 01 05

Cantina Comunale
Via Carlo Alberto, 2
Tel. 50 92 04

ÜBERNACHTEN

**Azienda agrituristica
Erbaluna**
Borgata Pozzo, 43
Frazione Annunziata
Tel. 5 08 00

**Azienda agrituristica
Il Gelso**
Borgata Croera, 34
Tel. 5 08 40

Italia
Via Roma, 30
Tel. 5 06 09 und 5 03 10

**Azienda agrituristica
Casa Bambin**
Frazione Santa Maria, 68
Tel. 5 07 85

**Azienda agrituristica
Cascina Ballarin**
Frazione Annunziata, 115
Tel. 5 03 65

**Azienda agrituristica
La Cascina del Monastero**
Frazione Annunziata, 112a
Tel. 50 92 45

Nachdem Sie Cherasco verlassen haben, geht es weiter Richtung **La Morra**, einen der bekanntesten Orte im Barologebiet. Wenn Sie den Tanaro überquert haben, geht die Straße einige Kilometer bergauf. In La Morra angekommen, führt die Via Umberto, die alte Hauptstraße mit ihren Handwerkerläden, steil hinauf zum höchsten Punkt des Ortes. Wir empfehlen Ihnen aber einen längeren und angenehmeren Weg, der die Piazza Castello in weiten Kurven erreicht. Auf Höhe der Hausnummer 38, an einem schönen Portal aus dem 18. Jahrhundert, biegen Sie nach rechts ab. Sie umgehen den ehemaligen Torbogen des Marktes (ein Wandgemälde stellt den Zyklus von Weinrebe und Wein dar) und biegen in die Via XX Settembre ein. Auf der linken Seite können Sie eine Fassade mit spätgotischem Terracottafries sehen, darauf folgen die Hauskapelle Madonna del Buon Consiglio und, etwas weiter, das Portal und das Steinwappen der Markgrafen Falletti di Barolo. In den Weinkellern des Palazzo, heute Cordero di Montezemolo, wurde einst der erste Barolo von La Morra hergestellt. Die Straße stößt senkrecht auf die Via San Martino. Hier ist der ideale Platz, um von oben die Kirche San Martino zu betrachten, die den Ausblick wie ein Bühnenhintergrund abschließt. Während Sie weiter bergauf gehen, schiebt sich die Häuserzeile allmählich wie ein Bühnenvorhang vor die Fassade und lädt zum Weiterschlendern ein, bis man die zauberhafte, barocke Piazza erreicht hat. Lassen Sie sich noch einen Augenblick Zeit: Biegen Sie in die Via Ospedale ein, die links von der mittelalterlichen Casa Boffa mit ihren beiden hübschen Gotikfenstern (eines ist leider durch einen Balkon verunstaltet) und rechts von der schlichten Fassade des ehemaligen Hospitals gesäumt wird. Die Straße wartet hier mit einem weiteren, faszinierenden Bühnenspiel auf, indem sie den Blick auf die Kirche der Confraternita di San Sebastiano freigibt. Inzwischen befinden Sie sich erneut in der Via Umberto. Wenn Sie kurz nach links hinuntergehen, stoßen Sie auf das schöne Jugendstilportal der ehemaligen Omnibusgarage (heute Casa Borgogno), auf der ein als Uhr gestalteter, alter Michelinreifen thront. Kehren Sie wieder um und spazieren Sie weiter hinauf, bis Sie auf die Via Daziani treffen. Biegen Sie nach rechts und folgen Sie der Straße bis zum Rathaus, wo sich schließlich linker Hand die mit Ziegelsteinen und Flußkies gepflasterte Piazza del Municipio öffnet, in deren Zentrum eine riesige Roßkastanie steht. Um den Platz herum befinden sich zahlreiche mit

Die Mangialonga

M itten durch die Weinberge von La Morra zieht seit 1987 jeden Spätsommer ein einzigartiger Festzug, der als das große Stelldichein der Barolo-Region gilt. Am letzten Sonntag im August treffen sich Feinschmecker und Naturfreunde in La Morra zu einem kulinarischen Spaziergang von ca. 3 Kilometern. Er führt durch die Weinberge und folgt den Feldwegen in die Tennen der Höfe und unter die Laubengänge alter Feldkapellen. Tausende von Jungen und Alten nehmen an dieser Laienprozession teil. Der Wein aus La Morra fließt in Strömen, und man vergnügt sich auf fünf glanzvollen Stationen: die erste mit einer Vorspeise, bestehend aus Wurstwaren und Dolcetto; die zweite mit dampfenden Tagliatelle und Barbera; die dritte mit heißem Kalbsgulasch und Barolo; die vierte mit verschiedenen Käsesorten aus Cuneo, allen voran der Murazzano, wiederum begleitet von Barolo; zum Schluß gibt es Maisgebäck, Haselnußtorte und Obst mit Moscato d'Asti. Musik und Tanz in der Tenne beschließen den Tag.

ESSEN

Belvedere★★
Piazza Castello, 5
Tel. 5 01 90
Sonntagabend und montags
geschlossen

Bel Sit
Via Alba, 17
Tel. 5 03 50
Montagabend und dienstags
geschlossen

**Azienda agrituristica
Fratelli Revello**
Frazione Annunziata, 103
Tel. 5 02 76
kein Ruhetag

EINKAUFEN

Käse
Clarita Trinchero
Via Roma, 6

Steinmühlen
Molino Renzo Sobrino
Via Roma, 110

Süßes
Panificio pasticceria Musso
Via Roma, 4

Wurstspezialitäten
G. M. Market Alimentari
Via Roma, 28

Die Cantina Comunale in La Morra
Ca. 750 Hektar Rebland be-
sitzt La Morra: 35 % der ge-
samten Barolo-Produktion. Die
Cantina Comunale, die 1973
gegründet wurde, präsentiert
die wichtigsten Weine aus La
Morra. Sie befindet sich in
den Räumen des Palazzo der
Marchesi von Barolo aus dem
18. Jahrhundert, an der Piaz-
zetta del Municipio. Ihr haben
sich 38 Produzenten des Ortes
angeschlossen. Die Wände sind
voll mit Fotografien von einem
Dorfpfarrer namens Alessandro
Bosca, der das Leben auf diesen
Hügeln in den 30er Jahren do-
kumentiert hat. Man kann sich
auch ein Video ansehen, auf
dem die wichtigsten Momente
des Dorfes festgehalten wurden.
Und es gibt reichlich Prospekte
und Veröffentlichungen über
die Weinkultur in La Morra.
Via Carlo Alberto, 2
Tel. 50 92 04; Öffnungszeiten:
mittwochs, donnerstags und
freitags 11.00-12.30 und
14.30-17.30; samstags und
sonntags 10.00-12.30 und
14.30-17.30; montags und
dienstags geschlossen

Giebeln, Gesimsen und Voluten verzierte Gebäude, darunter die Kirche San Martino (1639–1702) und das
Kloster San Rocco (1723–1750). In einer Ecke, auf dem
ehemaligen Friedhof, ist ein kleiner Garten angelegt, im
Vordergrund stehen das Rathaus und die alte Wach-
stube. Nur wenige Schritte entfernt, finden sie die Ge-
meindekellerei, wo Sie Weine aus La Morra verkosten
und kaufen können.

Auf Kopfsteinpflaster geht es langsam weiter nach oben
zur Piazza Castello. Das Kastell gibt es allerdings nicht
mehr, geblieben ist nur noch der Glockenturm, der im
18. Jahrhundert auf den Trümmern des Kastells erbaut
wurde. Von hier genießt man einen der schönsten Ausblicke auf das gesamte Gebiet der Langhe. Auf diesem
»Balkon« öffnet sich der Vorhang auf eine endlose Hügellandschaft, getupft mit kleinen Ortschaften und
ihren Burgen, Kirchtürmen und Zinnen, die aus einem
Meer von Weinbergen herausragen. Man kann weit
über die Hohen Langhe hinausblicken, auf Wiesen und
Wälder, bis hin zu den Bergen. Streifen Sie durch die
Gäßchen (Via Garibaldi) und folgen sie den Spuren der

Barolo, Kastell Volta.

Grandi Barolisti –
die großen Persönlichkeiten
des Barolo

D ie Geschichten um den Barolo böten den Stoff zu
einem Roman. Und wer sind die Hauptpersonen?
Es sind die Menschen, die auf diesem Boden aufge-
wachsen sind. Sie haben an ihren Weinberg, ihre Weinkellerei geglaubt und sich für ihren Wein eingesetzt –
oft mit nicht geringem wirtschaftlichem Gewinn. Fan-
gen wir bei den letzten Protagonisten an, die erst kürzlich von der Bühne abgetreten sind: beim Weinmacher
Renato Ratti aus La Morra und dem Lehrer Arnaldo Rivera aus Castiglione Falletto. Der erste hat die gesamte
Weinszene Italiens entscheidend geprägt. Er klassifi-
zierte als erster die Lagen des Barolo und des Barbaresco
und wirkte bei der Entwicklung des italienischen Wein-
gesetzes mit. Der Chemiker und Botaniker Ferdinando
Vignolo Lutati und, im vorigen Jahrhundert, der Landvermesser Lorenzo Fantini aus Monforte hatten bereits
ähnliche Ansätze. Der zweite, ein Lehrer, war Begrün-
der der Cantina Sociale del Barolo in den schwierigen
50er Jahren.
Arnaldo Rivera steht für die oft vergeblichen Versuche,
Anfang dieses Jahrhunderts Genossenschaftskellereien
ins Leben zu rufen. Eine der aktivsten war jedoch jene
von Barolo, in der der Vater jenes Giulio Mascarello
Kellermeister war, der während des Krieges wegen seiner sozialistischen Ideen in die Verbannung gehen
mußte und später zu den meistgeschätzten ›Barolisti‹ des
Dorfes zählte.
Dann gibt es die Reihe der Apotheker, alles wohlha-
bende Männer, die zu Beginn des Jahrhunderts, wenn
sie nicht gerade Rezepte für Vermouth oder den Barolo
Chinato erfanden, dafür Sorge trugen, daß die mehr
oder weniger herrenlosen Weinberge Früchte trugen:
Giuseppe Capellano aus La Morra, Hotelbesitzer im
Ort und in Alba, und Giuseppe Tarditi aus La Morra,
dessen Weinkellereien allseits zur Avantgarde gezählt
wurden.

Wein
Cantina Comunale
Via Carlo Alberto, 2

Vin Bar
Via Roma, 56

Bacco e tabacco
Via Umberto I, 32

L'Enoteca
Via Roma, 19

Enoteco Gallo
Via XX Settembre, 3

Vineria Sangiorgio
Via Umberto, 1

**Associazione Amici della
Vineria**
Borgata Serra dei Turchi, 88

Holzhandwerk
Pietro Barbotto
Via Ferrero, 17

WEINKELLEREIEN

*Unsere Adreßempfehlungen
finden Sie auf Seite 128 ff.*

Die Abtei von Annunziata

Drei Kilometer hinter La Morra, an der Provinzstraße nach Alba, liegt der Ortsteil Annunziata, der eine Besichtigung wert ist.

Hier findet sich der romanisch-barocke Bau der ehemaligen Benediktiner-Abtei von San Martino di Marcenasco. Die Kirche besitzt eine Renaissance-Fassade sowie eine Apsis und einen Glockenturm aus dem 15. Jahrhundert. Im Innern der Kirche sind bei Restaurierungsarbeiten einfache Säulen mit Steinfundament und ein römischer Grabstein aus dem 1. Jahrhundert n. Chr. zum Vorschein gekommen – eingelassen in den Boden vor dem Hauptaltar.

An der Apsis wurden Fresken aus dem 16. und 17. Jahrhundert gefunden, und in einem Seitenraum tauchte ein noch älteres Bauwerk auf, vermutlich die ursprüngliche Kirche. Dieser Fund bedeutet, daß die Entstehung der Benediktiner-Abtei um einige Jahrhunderte zurückdatiert werden muß.

Die Abbazia dell'Annunziata bildet den ältesten Kern von La Morra. Einst, als die Hügelkuppe noch mit Büschen bewachsen war, bauten die Mönche die Trauben des Nebbiolo, Moscatello und Pignolo an (eine Rebe, die heute nahezu ausgestorben ist). Zu Füßen der Abtei liegen die historischen Weinberge der Conca di Marcenasco, weiter abseits die kleine Anhöhe von Monfalletto. Wenn man auf den Hügel von La Morra steigt, stößt man auf die Lagen Rocche und Arborine.

Nehmen Sie sich für La Morra Zeit und machen Sie auch einmal bei einem der Winzer halt, die Ihnen gerne die Tür zu ihrer Cantina öffnen – bei Elio Altare, Renzo Accomasso, Mauro Molino, Codero di Montezemolo, Gianfranco Bovio, Silvio Grasso, Giovanni Corino, Renato Ratti oder Aurelio Settimo.

ursprünglichen, mittelalterlichen Stadtmauer, die einst die Zitadelle rund um das Kastell schützte. An der Einmündung zur Via Vittorio Emanuele, finden sie die *Ca dj' amis*, kultureller Treffpunkt und Ausstellungsort für Kunst und Kunsthandwerk. Von der Piazetta Martiri und Patrioti aus, gelangen Sie zu den hundertjährigen Weinkellern der Macarini. Sie sind vor kurzem restauriert worden, aber man atmet hier noch immer die Luft des ausgehenden 19. Jahrhunderts. Dies war die Zeit, in der die großen Barolomacher von La Morra, in erster Linie der Apotheker Tarditi und später die Brüder Bosco und Adriano, hoch geschätzte Rotweine und Vermouth aus Barolo herstellten. Wenn Sie die Via Umberto wieder hinaufsteigen, treffen sie auf die Kirche des Klosters San Sebastiano mit ihrem anmutigen, aus Ziegeln gebauten Glockenturm.

Die Feldkapelle von San Pietro delle Viole ist der Mittelpunkt einer alten Legende. Es wird erzählt, daß in Vollmondnächten ein Mönch bei Kerzenschein die Messe hält, begleitet von wandernden, betenden Schatten. Es sind die Geister der unzüchtigen Hofschranzen, die sich einst im Salon des Kastells Volta entfesselten Tänzen hingaben. Die göttliche Strafe ließ nicht lange auf sich warten: Der Boden tat sich unter ihren Füßen auf, und es riß die Hofdamen und Kavaliere in die Tiefe. Nur der Graf Falletti konnte sich retten, denn er wurde alarmiert durch das Knurren seines Bluthundes, das ihn im richtigen Moment von der apokalyptischen Szenerie weglockte. Zur Tilgung der Schande und als Symbol der Läuterung wurde dieses Kirchlein gebaut, das angeblich noch heute bei Vollmond von den Geistern heimgesucht wird, die keinen Frieden finden.

Das Weinmuseum Ratti

In den Kellern der Abtei hat das Museo Ratti dei Vini d'Alba seinen Sitz. Der Eingang befindet sich seitlich der Kirchenfassade. Hier ist die Geschichte der Reben und Weine der Region festgehalten. Zu sehen sind altes Werkzeug für Weinberg und Keller, Schautafeln zu den verschiedenen Reben und Karten der Weinberge. Öffnungszeiten: Mo.-Fr., 8.30-12.00 Uhr und 14.30-18.00 Uhr. Sa. u. So. nach Vereinbarung. Tel. 5 01 85

Bricco del Dente
Gipfel über den Langhe

*Ausgangs- und
Zielort:*
LA MORRA

Länge:
3 KM

*Voraussichtliche
Dauer des Ausflugs:*

   1½ STD.

   ½ STD.

Ausgangspunkt ist die Kreuzung unterhalb der Cappella di Santa Brigida, die sich auf der Talseite des Dorfes, also im Borgo befindet. Folgen Sie der asphaltierten Straße rechts von der Kapelle bis zur alten Ziegelbrennerei, die noch bis in die 40er Jahre in Betrieb war, jetzt aber völlig verfallen ist. Gehen Sie dort links den Weg in Richtung Bricco del Dente und Cappella degli Alpini, der gut ausgeschildert ist. An dieser Stelle tut sich vor Ihnen der schönste Panoramablick auf den Ort La Morra mit seinen Barockkirchen und Befestigungsanlagen auf. Dann macht die Straße eine Biegung und Sie gehen – den Ort im Rücken – auf die Weinkellerei Cantine Brosio zu. Der Ortsteil heißt Serradenari. Die Weinberge hinter der Kellerei sind die höchsten von La Morra. Sie wurden deswegen schon im 18. Jahrhundert in den Katasterbüchern erwähnt.

Kurz darauf erreichen Sie den Grat des Bricco, der steil zu den Langhe des Barolo hin abfällt.

Sie biegen links in die Schotterstraße ein. So kommen Sie, leider durch einen Wald von Radio- und Fernsehantennen, auf den Platz vor der Cappella degli Alpini. Grund des Ausflugs sind jedoch weder die Architektur der Kapelle noch die mächtige Antenne der RAI direkt nebenan, sondern der phantastische Rundblick: Gegenüber erhebt sich der Hügel von La Morra wie eine Klippe in einem Meer von Weinbergen, dann folgen im Osten rasch aufeinander weitere Hügel, Dörfer, Kastelle, fast bis zum Alpenbogen, der sich im Westen mit dem wuchtigen Monvisio und der fruchtbaren Ebene zu seinen Füßen in der Weite verliert.

Für den Rückweg nehmen Sie wieder die asphaltierte Straße, auf der Sie auch gekommen sind.

Berühmte Weinberge erkunden

D er Ausflug führt durch einige der historischen Weinberge von La Morra. In der Nähe der Cappella Santa Brigida nehmen Sie die steil abfallende Straße, die zu den Ortsteilen Fontanazza und Cerequio führt. Zu Ihrer Linken erstrecken sich weithin die Weinfelder auf den hügeligen Hängen von La Morra. An der Abzweigung nach Fontanazza angekommen, können Sie einen Umweg über Cerequio machen: Die Straße bildet die natürliche Grenze zwischen den Anbaugebieten von La Serra hügelan und Brunate und Cerequio im Tal. Sie befinden sich in den berühmtesten Weinbergen von La Morra, die schon 1477 in den Katasterbüchern erwähnt wurden. Unterhalb von La Serra, an der Grenze zur Gemeinde Barolo, liegen die historischen Weingüter Fossati und Ca Nere. Wenn Sie gut zu Fuß sind, können Sie bis nach Cerequio gehen und auf der Terrasse der Casa Averame Rast machen. Hier erinnert eine Gedenktafel an das Massaker an jungen Partisanen, die in der Zeit des antifaschistischen Widerstands von den Deutschen erschossen wurden.

Hier kehren Sie um und gehen zur Fontanazza hinunter. Von dort an bildet die Straße die Obergrenze der Brunate-Gärten. Weiter unten stoßen Sie auf die Destille der Gebrüder Ceretto. Gehen Sie dann weiter ins Tal hinunter bis Ponte Rocca, das an der Kreuzung der Provinzstraße nach Barolo liegt. Wenn Sie von hier aus nach La Morra hinaufschauen, können Sie nacheinander die Anbaugebiete von Bricco Rocca, Giachini, Rocche und Rocchette sehen.

Ausgangsort:
LA MORRA

Zielort:
PONTE ROCCO (ANNUNZIATA)

Länge:
4 KM

Voraussichtliche Dauer des Ausflugs:

2 STD.

45 MIN.

TIPS & INFOS
Ausführliche Informationen finden Sie auf Seite 137f.

NOVELLO

18 Kilometer von Alba
Einwohner: 898
Höhe: 471 m ü. d. M.
Postleitzahl: 12060
Vorwahl: 0173

Informationen
Municipio
Piazza Guglielmo Marconi, 1
Tel. 73 11 47

ÜBERNACHTEN

Hotel Barbabuc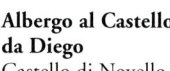
Via Giordano, 35
Tel. 73 12 98

**Albergo al Castello
da Diego**
Castello di Novello
Tel. 74 40 11

EINKAUFEN

Maisgebäck
Panetteria Manzone
Via Giordano, 7

Wein
Bottega comunale del vino
Via Roma, 1
Tel. 73 11 47

WEINKELLEREIEN

Elvio Cogno
Borgata Ravera, 2
Tel. 73 14 05

Giovanni Stra e figlio
Regione Ciocchini, 18
Tel. 73 12 14

Die Altstadt von Novello.

Von La Morra aus nehmen Sie die Provinzstraße Richtung Barolo-**Novello**, das man in wenigen Minuten erreicht. In die Altstadt gelangen Sie durch das Portal des mittelalterlichen Turms, der heute als Glockenturm genutzt wird. Einst ragte der Turm isoliert aus dem Komplex der Befestigungsbauten hervor, um einen der drei Dorfeingänge zu bewachen (ein weiterer Eingang ist heute noch in der Nähe des Kastells zu sehen, auf dem Weg, der zur Fracchia hinabführt). Heute steht der Turm direkt an der Pfarrkirche San Michele Arcangelo. Der Entwurf für diese Kirche wird dem Architekten Francesco Gallo di Mondovì zugeschrieben, einer herausragenden Figur der Barock-Architektur. Aber die hohen und schlanken Formen der Backsteinfassade erinnern eher an den neoklassizistischen Geschmack des späten 18. Jahrhunderts, mit manchen Versatzstücken aus dem 16. Jahrhundert. Das Innere jedoch ist ganz anders. Die Spannung des Raumes drückt sich in seiner Höhe aus und gipfelt in der kreisrunden Kuppel, die eine Höhe von 34,5 Metern erreicht. Ein kleines, barockes Schmuckstück ist auch die Fassade der Chiesa della Confraternita di San Giovanni Battista, die gleich neben der Pfarrkirche liegt. Am anderen Ende des Dorfes erhebt sich das Kastell auf dem Felsen von Novello, hoch über den Weinbergen und Wäldern, als gut sichtbarer Orientierungspunkt in diesem Teil der Langhe. Die überladene Backsteinfassade, die mit Zinnen versehenen Türme, die Fülle von Spitzbögen und kleineren Bögen, die große Freitreppe aus weißem Marmor und die dekorierten Säle vermitteln einen Gesamteindruck, der irgendwo zwischen Neuschwanstein und Disneyworld liegt. 1967 wurde das Kastell in ein Restaurant umgewandelt. Das Gästehaus mit dem Hauptbogen und der darüberliegenden Loggia ist alles, was von dem ursprünglichen mittelalterlichen Gebäudekomplex übriggeblieben ist. Sie können diesen Besuch mit einer Rast in der »Bottega del vino« auf der Piazza Vittorio Emanuele abschließen.

Von Novello führt die Straße sechs Kilometer bergab nach **Barolo**. Der Ort liegt in einem sanften Tal, geschützt vor den kalten Westwinden und geküßt von der frühen Morgensonne. Er hat im letzten Jahrhundert dem berühmten Wein seinen Namen gegeben, als aus den Weinkellern seines Kastells Massen von Weinfässern nach Turin und an den savoyischen Hof gingen.

In ebendiesen Weinkellern, die seit 1970 Eigentum der Gemeinde sind, spiegeln sich die Geschicke dieses Ortes wider: von der primitiven Verteidigungskonstruktion des 11. Jahrhunderts, als die Langhe noch von Sarazenerbanden, die von den nahen ligurischen Häfen und von Marseille hier heraufgefunden hatten, geplündert wurden, bis zur langen Herrschaft der Falletti, einer reichen Bankiers- und Kaufmannsfamilie aus Alba, die das Anwesen mit allen Ländereien im Jahre 1250 erwarb und bis 1864 ihre Blüte erlebte. Aus ihren Besitzungen, die sich über die umliegenden Hügel erstreckten und bis Castiglione Falletto und Serralunga reichten, wurde der erste Barolo gewonnen. Er ist ein Werk der letzten Gräfin, Giulia Colbert Falletti di Maulévrier. Mit ihr begann die Reihe der legendären »Barolisti«, die für den Ruhm und den wirtschaftlichen Wohlstand des Dorfes gesorgt haben: Borgogno, Rinaldi, Mascarello sind alles alte Namen, die noch heute bedeutungsvoll klingen. Im Laufe der Jahre haben sich viele andere dazugesellt, bis

TIPS & INFOS
Ausführliche Informationen finden Sie auf Seite 115 ff.

BAROLO

13 Kilometer von Alba
Einwohner: 692
Höhe: 310 m ü. d. M.
Postleitzahl: 12060
Vorwahl: 0173

Informationen
Castello
Piazza Falletti
Tel. 5 62 77

Municipio
Piazza Cacheti per la Libertà
Tel. 5 61 06

ÜBERNACHTEN

Hotel Barolo
Via Lomondo, 2
Tel. 5 63 54

Albergo del Buon Padre
Frazione Vergne
Tel. 5 61 92, 5 63 29

In der Panetteria Cravero.

Die Wiege des Barolo

Die Geschichte und Legende des »Königs der Weine« sind im Kastell von Barolo entstanden. Laut Überlieferung brachen von hier fast täglich lange Konvois auf, jeder Wagen mit Wein beladen. Bestimmungsort war der Hof der Savoyer in Turin. Auf dem Thron saß seinerzeit König Carlo Alberto, der keinen Hehl aus seiner Vorliebe für guten Wein machte. Die Signori di Barolo, Tancredi und Giulia Falletti, zeigten auf diese Weise ihre wirtschaftliche Macht und brachten dem sonst steifen savoyischen Adel ihren Wein nahe, das Produkt ihrer für jene Zeit fortschrittlichen Weinbautechnik.

Das alte Kastell, das bis auf das 10. Jahrhundert zurückreicht, hat im Laufe der Zeit etliche Veränderungen erfahren. Ob es als Trutzburg, als Landsitz des Adels oder als strenge Klosteranlage genutzt wurde – jede Bestimmung hat in den Sälen des großen Gebäudes ihre Spuren hinterlassen. Heute beherbergt es eine Hotelfachschule und die Enoteca del Barolo.

Das Kastell beeindruckt vor allem durch seine Größe, womit es das Dorf überragt

und fast erdrückt: ein greifbares Bild der Macht.

Im Innern sind die Räume der Gräfin Giulia Colbert mit ihren zeitgenössischen Möbeln zu besichtigen, der Wappensaal und die Bibliothek (Foto). Letztere erinnert an Silvio Pellico, einen Patrioten, der hier nach seiner Rückkehr aus dem österreichischen Kerker von Spielberg als Sekretär und Bibliothekar zwanzig Jahre lang tätig war.

Die oberen Etagen wurden vor kurzem renoviert und beherbergen das Museum für Weingeschichte und -technik der Region Barolo. Hier ist altes Werkzeug aus Weinbergen und -kellern zu besichtigen, eine Dokumentation über Leben und Arbeit der Weinbauern in den Langhe und alte Fotografien des Dorfes.

Die Enoteca regionale del Barolo

Die Enoteca regionale hat ihren Sitz im Weinkeller des Kastells, wo die Gräfin Giulia dem ersten Barolo seinen Namen gab. Diese Einrichtung untersteht den Gemeinden im Anbaugebiet des Barolo und hat die Aufgabe, den Barolo bekanntzumachen und seine Verbreitung zu fördern. Im Ausstellungsraum wird eine große Auswahl verschiedener Jahrgänge und Etiketten gezeigt. In den anderen Räumen wurden ein Raum zur Verkostung, ein technisch-wissenschaftliches Labor und ein Laden eingerichtet, wo man den Wein günstig kaufen kann.

Der andere Flügel des Gebäudes wird von der schon erwähnten Hotelfachschule genutzt.

Piazza Castello, Tel. 5 62 77
Besichtigungszeiten: 10.00-12.30 Uhr; 15.00-18.30 Uhr, donnerstags und im Januar geschlossen. Für Gruppen auf Vorbestellung fachkundige Weinproben.

hin zu den jungen Barolo-Interpreten des 20. Jahrhunderts, wie Sandrone, Viberti und Vajra, die eine gefestigte Tradition fortführen.

Die Wappen der Weinkellereien schmücken das Straßenbild des Ortes und verdeutlichen die wahre Größe von Barolo. Sie erzählen von der Geschichte des Weines und den Mühen der Bauern, von einem kleinen Mythos, der den Tafelfreuden gewidmet ist.

Das Kastell von Barolo, das vom Kastell Volta noch überragt wird.

ESSEN

Brezza★
Via Lomondo, 2
Tel. 5 61 91
Dienstags geschlossen

**Locanda
nel Borgo Antico**★★
Piazza del Municipio, 2
Tel. 5 63 55
Mittwochs und Donnerstagmittag geschlossen

I Cannubi
Via Alba, 20
Tel. 56 64 20 oder
03 68/21 62 18
Donnerstags geschlossen

La cantinella
Via Acquagelata, 4a
Tel. 5 62 67
Montagabend und dienstags
geschlossen

La cantinetta
Via Roma, 33
Tel. 5 61 98
Donnerstags geschlossen

EINKAUFEN

Wurstwaren
**Macelleria salumeria
Franco Sandrone**
Via Roma, 41

Grissini
Panetteria Cravero
Via Roma

Wein
**Enoteca regionale
del Barolo**
Piazza Falletti

Enoteca Il Bacco
Via Roma, 87

WEINKELLEREIEN

*Unsere Adreßempfehlungen
finden Sie auf Seite 117 f.*

Von Novello nach Barolo

Ausgangsort:
NOVELLO

Zielort:
BAROLO

Länge:
3 KM

*Voraussichtliche
Dauer des Ausflugs:*

🚶 1 STD.

🚴 20 MIN.

Gleich hinter dem Ort nehmen Sie die kleine asphaltierte Straße, die von der Provinzstraße nach La Morra und Barolo rechts abzweigt und in Richtung Monforte, Ravera und Panirole beschildert ist. Nach wenigen Schritten bergab sehen Sie die kleine Kirche Santa Lucia und etwas weiter vorn die Überreste der Kirche San Rocco: eine Apsis, die noch Spuren mittelalterlicher Fresken aufweist. Wenn Sie weitergehen, finden Sie auf der rechten Seite auf dem Bricco Petorchino die Weinkellerei Elvio Cogno, in zauberhafter Lage mit Blick auf die Langhe. Elvio wird Sie gerne bei dem Besuch seiner Keller begleiten. Sie wurden erst vor kurzem in dem alten Gut eingerichtet.

Sie kehren dann auf die Asphaltstraße zurück, die Sie aber kurz darauf verlassen, um nach rechts abzubiegen. Sie folgen nun einem Feldweg, der zunächst fast gerade auf halber Höhe links entlang und dann ins Herz von Barolo hinabführt. Dieses Stück ist nicht ausgeschildert: Eine Eiche und wenige Meter weiter vorn ein Bauernhaus sind die einzigen Orientierungspunkte. Mitten durch meist mit Nebbiolo bepflanzte Weinberge gehen Sie auf das Kastell von Barolo zu, das Sie unter sich liegen sehen und in wenigen Minuten erreichen.

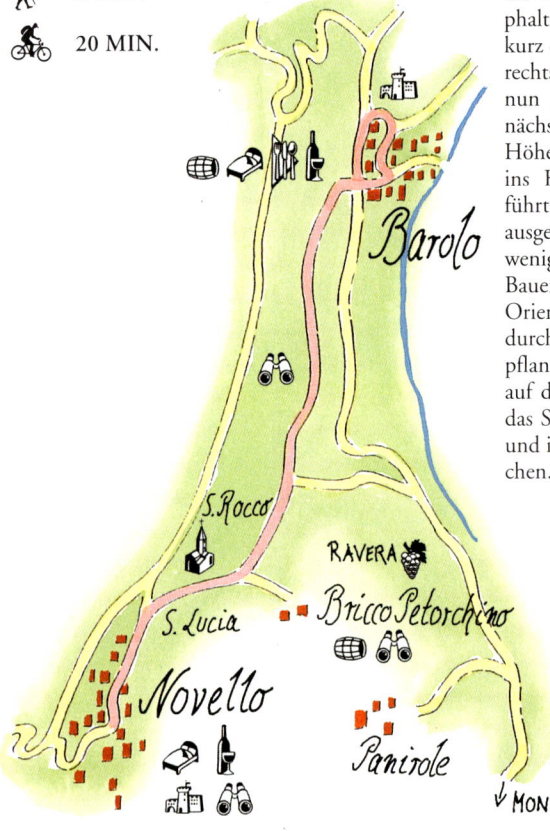

Von Barolo nach Monforte: Wälder und Kapellen

Ausgangsort:
BAROLO

Zielort:
MONFORTE

Länge:
6,5 KM

Voraussichtliche
Dauer des Ausflugs:

 2½ STD.

 40 MIN.

Der Weg beginnt an dem kleinen Platz vor dem Kastell, neben der Bäckerei Cravero, in der Sie sich mit Maisgebäck eindecken können, um unterwegs eine Stärkung zur Hand zu haben. Das erste Stück führt ins Tal hinunter, wo das Flüßchen Fava fließt, dem Sie eine Weile folgen. Dann geht es wieder hügelig zwischen Weingärten weiter, bis Sie die Wasserscheide in San Giovanni erreicht haben. Nachdem Sie einen Wald aus Eichen, Robinien und Kiefern durchquert haben, erreichen Sie den Gipfel des Hügels, auf dem sich die Ruinen einer mittelalterlichen Burg und ihrer Kirche befinden. Wenn Sie weitergehen, gelangen Sie am Ortsrand von Monforte zur Cappella Sette Vie, auch Cappella della Natività di Maria Vergine genannt, mit einem Fresko aus dem 15. Jahrhundert, das eine sitzende Muttergottes mit Kind darstellt und vielleicht zu einem frühen Triptychon gehörte. Sie können den Ausflug ausdehnen, indem Sie eine der Routen um Monforte anschließen.

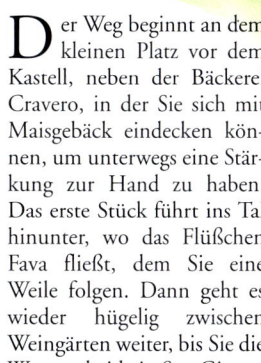

Mit dem Fahrrad entlang der Cannubi-Lagen

Ausgangs- und Zielort:
BAROLO

Länge:
10 KM

Voraussichtliche Dauer des Ausflugs:

   1 STD.

Auf diesem Fahrradausflug, der nur über wenig befahrene Asphaltstraßen führt, können Sie gänzlich in die großartigen Weinberge des Barolo eintauchen, auf deren Hängen die Reben für die bekanntesten Weine wachsen. Von der Piazza del Peso Pubblico aus fahren Sie in Richtung La Morra und biegen kurz darauf nach Alba ab. Die Straße führt bergab, an einigen Stellen sogar recht steil, an der westlichen Seite der Cannubi-Hügel entlang. Links erstrecken sich die großen Weingärten von La Morra, von Cerequio bis Brunate. Wenn Sie im Tal an der Kreuzung von Ponte Rocca ankommen, biegen Sie rechts ab und kehren auf der alten Provinzstraße, die parallel zum Hinweg verläuft, nach Barolo zurück. Rechts von Ihnen liegen die sonnigen Cannubi-Hänge: Zuerst kommt die Lage Monghisolfo oder Cannubi Boschis, dann der Cannubi Classico, der zwischen dem Friedhof und dem Gut Viganò liegt. Allmählich führt die Straße wieder bergauf zum Ort, vorbei an den Lagen Cannubi Valletta, San Lorenzo und Muscatel.

Eine der ältesten Flaschen der Langhe trägt ein Etikett mit der Aufschrift »Cannubi 1752« – ein Beweis für die historische und wirtschaftliche Bedeutung dieses Weinbergs. Manche der heutigen Weinbauern keltern die Cannubi-Lagen pur: Luciano Sandrone den Cannubi Boschis, die Marchesi di Barolo den Cannubi und den Valletta, während Bartolo Mascarello, ebenfalls Besitzer eines Weinbergs in San Lorenzo, die traditionelle Technik der Mischung mit Nebbiolo-Trauben aus anderen Lagen vorzieht. An all diesen Weingütern werden Sie auf der Strecke vorbeikommen.

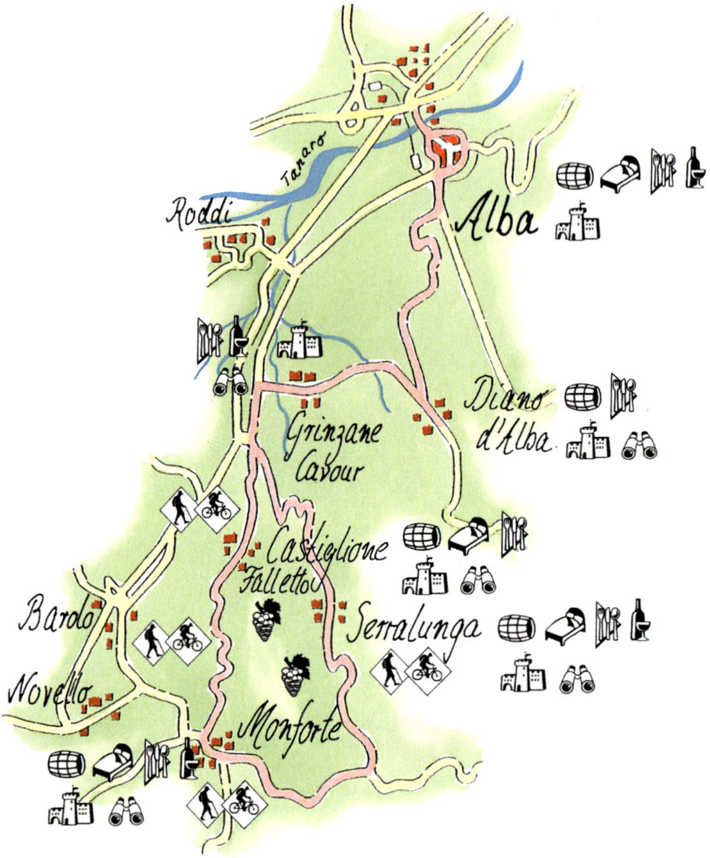

Ausgangsort:
ALBA

Zielort:
CASTIGLIONE
FALLETTO

Länge:
53 KM

*Voraussichtliche
Dauer des Ausflugs:*

 36 STD.

 48 STD.

Von Alba nach Castiglione Falletto
über Diano, Grinzane Cavour, Serralunga und
Monforte

Abstecher:

SERRALUNGA, MONFORTE,
CASTIGLIONE FALLETTO

Auf den Spuren der Kastelle

Von Alba nach Castiglione Falletto

Von Alba schlängelt sich die Straße bergauf in Richtung **Diano**. Von unten zeigt die Stadt das Rot ihrer mittelalterlichen Backsteingebäude sowie die weitläufigen, anonymen und modernen Wohnsiedlungen. Der Ort ist vor allem für seinen Dolcetto bekannt, der eine eigene, auf das Gemeindegebiet begrenzte DOC (die amtliche Ursprungsbezeichnung Denominazione di Origine Controllata) hat. Er besitzt aber auch eine kleine Anzahl von Weinbergen in der Anbauzone des Barolo, zwischen den Grenzen von Grinzane Cavour und Serra-

Die höchstgelegenen Dolcetto-Weinberge bei Diano d'Alba.

lunga. Wir empfehlen Ihnen, in Sorano eine Rast einzulegen. Dort befindet sich der gleichnamige, vier Hektar große Weinberg, der mit seiner ton- und kalkhaltigen Erde zu den besten der Gegend gehört.

Wenn Sie im bewohnten Teil ankommen, sollten Sie das Auto auf der Piazzetta parken und zu Fuß zum Aussichtspunkt hinaufgehen. Dort genießen Sie einen zauberhaften Ausblick: Im Westen verlieren sich die Langhe

TIPS & INFOS
Ausführliche Informationen finden Sie auf Seite 121 f.

DIANO D'ALBA

8 Kilometer von Alba
Einwohner: 2918
Höhe: 500 m ü. d. M.
Postleitzahl: 12055
Vorwahl: 0173

Informationen
Municipio
Via Umberto I, 22
Tel. 6 91 01

ÜBERNACHTEN

Ai Tardì
Via San Sebastiano, 81
Tel. 6 94 03

Azienda agrituristica Simone Castella
Via Alba, 18
Borgata Lopiano
Tel. 6 91 70

Azienda agrituristica Marco Savigliano
Via Madonnina, 1
Borgata Lopiano
Tel. 6 91 96

ESSEN

Langhet
Valle Talloria
Via Cane, 31
Tel. 23 17 51
Montags geschlossen

EINKAUFEN

Wurstwaren
Salumificio Barile
Via Cortemilia, 89/b
Frazione Ricca

Alte Möbel
Aldo Giordano
Via Cortemilia, 110
Frazione Ricca

WEINKELLEREIEN

*Unsere Adreßempfehlungen
finden Sie auf Seite 122.*

Kleine Dolcettokunde

D er Dolcetto ist für die Bewohner der Langhe bestimmt der beliebteste »Wein für jeden Tag«. Seit jeher lieben sie es, ihre Mahlzeiten und die Abende in der Osteria in Begleitung dieses äußerst süffigen Rotweins zu begehen. Es gibt hier vier verschiedene Dolcetti, die alle die amtliche Ursprungsbezeichnung tragen dürfen. Es sind jene aus Alba, Dogliani, den Langhe Monregalesi und Diano. Alle stammen von derselben Weinrebe und besitzen dieselben Grundeigenschaften. Im Geschmackstest jedoch unterscheiden sie sich deutlich voneinander. Man kann ohne Umschweife sagen, daß der aus Diano (seit kurzem gibt es eine neue Ursprungsbezeichnung, die einfach »Diano d'Alba« lautet) sich gegenüber den anderen durch seine kräftigere Struktur und seinen volleren Geschmack behauptet. Er hat intensives Rot mit einem Stich ins Violette und duftet nach Veilchen und vergorenen Waldbeeren. Sein Geschmack ist trocken, mit einer frischen, angenehm fruchtigen Mandelnote. Es ist ein Wein, der schon im Jahr nach der Ernte trinkreif ist. Sein Anbaugebiet ist begrenzt auf das Gemeindegebiet von Diano, das weniger als 300 Hektar ausmacht, aus denen wiederum ca. 1 Million Flaschen pro Jahr gewonnen werden.

Diese Gemeinde war die erste und ist wahrscheinlich bis heute die einzige in Italien, die ihre Weinberge registriert hat: Sie hat ein Register mit entsprechender Karte erstellt und darin jede Lage, eine nach der anderen, beschrieben und benannt.
Es ist nicht schwierig, dorthin zu gelangen, zu Fuß oder auch mit dem Auto. Besuchen Sie vielleicht den jungen Marino Savigliano. Er hat es nach bestandenem Chemikerdiplom vorgezogen, Weinbauer zu werden und in Diano, auf seinem Weingut in Valle Talloria zu bleiben. Dort widmet er sich den Reben und dem Wein. Nach Voranmeldung führt er Sie gerne durch seinen Weinberg, der sich im Gemeindeteil Giarlotto befindet.

des Barolo im Alpenbogen und verschmelzen mit den Hügeln des Roero auf der rechten Seite. Im Uhrzeigersinn folgen die Weinberge des Barbaresco und im Osten die ersten herben Ausläufer der Hohen Langhe.

Auf dieser Esplanade ragte in den Zeiten des Comitatus Dianensis, als sich Diano während des Karolingerreichs mit Alba im Wettstreit um die Macht befand, ein Kastell empor. Das Kastell wurde im Jahre 1631 niedergerissen, als mit dem Vertrag von Cherasco die Savoyer Herrscher in Diano wurden. Nichts ist von dem einst mächtigen Kastell erhalten geblieben.

Kastell von Grinzane Cavour.

Vom Zentrum Dianos nehmen Sie wieder die Straße Richtung Alba. Sobald Sie den bewohnten Teil hinter sich gelassen haben, biegen Sie links nach **Grinzane Cavour** ab. Nach einigen Kilometern bergab taucht das Dorf auf. Es besteht aus nur wenigen Häusern, die sich um die trutzige Burg gruppieren, welche heute Sitz der Enoteca Regionale dei Vini Albesi ist. In der Burg befindet sich auch ein Restaurant und ein Volkskundemuseum, das spezialisiert ist auf die Kultur der Bauern. Der Name des kleinen Dorfs ist eine Hommage an den Staatsmann des Risorgimento, der von 1832 bis 1849 Bürgermeister von Grinzane war. Besitzer des Kastells von Grinzane waren die Benso di Cavour. Sie geboten über mehr als 500 piemontesische Tagwerke (eine giornata = 0,381 Hektar) Land. Camillo, der hier im Jahre 1832 ankam, entwickelte eine große Leidenschaft für seine Ländereien und erneuerte die Weinberge und Weinkellereien. Er war vernarrt in Burgund und baute deshalb sogar 14 Tagwerke Burgundertrauben an. Aus

TIPS & INFOS
Ausführliche Informationen finden Sie auf Seite 123f.

GRINZANE CAVOUR

13 Kilometer von Alba
Einwohner: 1785
Höhe: 195 m ü. d. M.
Postleitzahl: 12060
Vorwahl: 0173

Informationen

Municipio
Via dell'Asilo, 18
Tel. 26 20 16

Enoteca regionale
Via Castello, 5
Tel. 26 21 59

ESSEN

Trattoria dell'Enoteca
Castello di Grinzane
Tel. 26 21 72
Dienstags geschlossen

Nonna Genia
Ortsteil Borzone, 1
Tel. 26 24 10
Mittwochs geschlossen

La Salinera
Via IV Settembre, 19
Tel. 26 29 15
Dienstags, samstags und
Sonntagmittags geschlossen

EINKAUFEN

Grappe
Distilleria Montanaro
Via Garibaldi, 6

Torrone
Pasticceria confetteria Marengo
Via Garibaldi, 30

Sebaste
Ortsteil Borzone
Via Piana Gallo, 48

Typische Produkte
Al Tartufo d'oro
Via Piana Gallo, 16

Cantina del Conte
Via Castello, 13

Wurstwaren
Salumeria Badellino
Via Garibaldi, 124

Wein
Enoteca Regionale
Castello di Grinzane
Tel. 26 21 59

WEINKELLEREIEN

Le Ginestre
Via Grinzane, 17
Tel. 6 22 67

Giovanni Grimaldi
Via Parea, 7
Tel. 26 20 90, 26 20 94

Frankreich ließ er den Önologen Louis Oudart kommen, der seinen Weinen ein modernes Gesicht gab.

Von Grinzane aus erreichen Sie die Siedlung Gallo, die sich in der Talsohle befindet. Von dort aus fahren Sie weiter Richtung Barolo, an der ersten Abzweigung biegen Sie in die Straße nach **Serralunga** ein.

Auf der linken Seite tauchen die Landgüter und Weinkeller von Fontanafredda auf, die leicht zu erkennen sind durch ihren quergestreiften Anstrich. Dies hatte Emanuele di Mirafiori, Sohn von Vittorio Emanuele II. veranlaßt. Das über hundert Jahre alte Weingut ist einen Besuch wert, vor allem das Jagdhaus der Bela Rosin, das sehr sorgfältig renoviert wurde und noch seinen ganzen Zauber aus dem 19. Jahrhundert bewahrt hat. Auf den

Eine knusprige Schleckerei

D er Torrone ist eine süße Spezialität der Langhe. Der berühmteste wird in Gallo, einem Ortsteil von Grinzane Cavour, hergestellt. Die Firma Oscar Sebaste liefert schon seit mehr als hundert Jahren die Schleckerei mit dem Bild eines stolzgeschwellten Hahns an ihre Kunden. (Die Fabrik kann besichtigt werden; Tel. 26 20 09; kein Direktverkauf.) Sehr gut sind natürlich auch andere kleine Konditoreien in der Gegend um Alba.

Es gibt kein Dorffest, wo diese Schleckerei nicht auf der »Bancarella del Torone« neben gerösteten und gezuckerten Haselnüssen zur Schau gestellt wird. Und niemand kommt von einem Dorffest in den Langhe, ohne eine Stange oder ein schönes Stück Torrone nach Hause zu bringen.

Der beste Torrone (so behaupten zumindest die Kenner, denn die Rohmasse bleibt immer die gleiche) wird in Blöcken von mehreren Kilo hergestellt und dann in Stücken verkauft. Der Torrone aus Alba ist weiß und hart, aber dennoch mürbe und knusprig. Er wird aus einer Mischung von Zucker, Honig und gerösteten Haselnüssen hergestellt. Die Haselnüsse kommen meist aus den Hohen Langhe, wo die Haselnußhaine ganz allmählich die Oberhand über die Weinfelder gewinnen. Die Sorte heißt Tonda Gentile delle Langhe. Sie ist äußerst ertragreich und ihr Aroma besonders intensiv und köstlich.

Kastell von Serralunga.

Samtsofas der Salons verzehrte sich die Liebe zwischen dem König Vittorio Emanuele II. und der schönen bürgerlichen Rosa, die später Contessa di Mirafiori und nicht standesgemäße Gattin des Königs wurde. Unterdessen spielte sich draußen auf dem großen Hof von Fontanafredda das rege Treiben der Arbeiter und Techniker zwischen den Lagern, Büros und den Behausungen der Lohnarbeiter ab. Das Herzstück von Fontanafredda sind jedoch die kühlen Weinkeller, die sich im Innern des Hügels verlieren.

Von Fontanafredda erreichen Sie über den Vorort Baudana in wenigen Minuten Serralunga. Auf halber Strecke werden Sie von der schlanken Silhouette des Kastells überrascht, einem irreal anmutenden Bau, die sich leicht vor dem Hintergrund der Hügel abzeichnet.

Serralunga ist ohne Zweifel eines der schönsten Zentren der Langhe des Barolo. Rund um das Kastell, das perfekt erhalten ist, verbreitet das Zentrum mit seinen konzentrisch verlaufenden Straßen eine altertümliche Atmosphäre, die schwerlich anderswo zu finden ist. Das Kastell ist das einzige Verteidigungsbauwerk, das vollständig erhalten ist. Es ist verziert mit Backstein, Rundbögen, zweibögigen Fenstern und dem schrägen Turm. Die Festungsanlage, die im Jahre 1340 von Pietrino Falletti erbaut wurde, um seine weitläufigen Besitzungen zu verteidigen, ist gekennzeichnet durch ihre drei Türme. Das Innere ist eher spartanisch, da es für die Beherbergung der bewaffneten Truppen genutzt wurde. Wenn Sie die Auffahrt hinaufgefahren sind, genügt es, die Glocke zu

TIPS & INFOS
Ausführliche Informationen finden Sie auf Seite 139ff.

SERRALUNGA

16 Kilometer von Alba
Einwohner: 506
Höhe: 414 m ü. d. M.
Postleitzahl: 12050
Vorwahl: 0173

Informationen

Municipio
Via Foglio, 1
Tel. 61 31 01

Castello
Tel. 61 33 58

ÜBERNACHTEN

Italia
Piazza Cappellano
Tel. 61 31 24

ESSEN

Antica Trattoria del Castello
Frazione Baudana, 63
Tel. 61 33 75
Mittwochs geschlossen

Cascina Schiavenza
Via Mazzini, 4
Tel. 61 31 15
Dienstags geschlossen

Kaffee und Aperitif

Bar Centro Storico
Via Roma, 6
Tel. 61 32 03

Das Castello Cavour

Das Kastell von Grinzane Cavour ist, wie auch das Kastell von Serralunga eines der besten Beispiele für mittelalterliche Architektur in den Langhe. Sein heutiges Aussehen ist das Ergebnis sorgfältiger Restaurierungsarbeiten aus dem Jahre 1961. Der älteste Teil des Bauwerks, der zentrale Turm, geht auf das 11. Jahrhundert zurück, während das Hauptgebäude aus dem 15. Jahrhundert stammt. Angefangen mit Bonifacio del Vasto im 12. Jahrhundert hat das Kastell häufig den Besitzer gewechselt: von den Marchesi di Busca zu den Marchesi del Monferrato, bis es Mitte des 19. Jahrhunderts Michele di Cavour, Vater des Freiheitskämpfers Camillo, erstand, der auch die damals schon großen Ländereien auf 205 Hektar erweiterte. Von der Familie Benso di Cavour ging es weiter an die Alfieri di Sostegno, welche es im Jahre 1932, als Grinzane zum Gemeindebereich von Alba gehörte, der Stadt Alba schenkten. 1961 wurde es dann restauriert, und heute hat dort die »Enoteca Regionale dei Vini Piemontesi« ihren Sitz. Sie befindet sich im Erdgeschoß des Kastells und bietet eine gute Auswahl an Weinen und Grappe der Umgebung. Die hier verkauften Produkte werden von der Vereinigung »Assaggiatori dell' Ordine dei Cavalieri del Tartufo e dei Vini d'Alba« ausgewählt und kontrolliert, einer Organisation zum Schutz und zur Verbreitung der Eß- und Trinkkultur. Im ersten Stock befindet sich die Trattoria del Castello. Die darüberliegenden Stockwerke beheimaten das Museum. Besonders sehenswert ist der »Salone delle Maschere« aus dem 16. Jahrhundert, dessen Kassettendecke wertvolle Gemälde aufweist: Porträts, Adelswappen, Allegorien, Fabelwesen und Tiere ergeben einen Gesamteindruck von großem Reiz. Ein Großteil des Museums ist der Bauernkultur gewidmet. Sie finden hier Nachbauten von Arbeitsräumen aus dem 17., 18. und 19. Jahrhundert (Küchen, Böttcher- und Hufschmiedwerkstätten, eine Weinkellerei und eine Brennerei). Die Sammlung umfaßt landwirtschaftliche Werkzeuge, Keramikgefäße, Zeugnisse der Wein- und Eßkultur der Region Alba, Gewichte und Maße der Weinproduktion. In anderen Sälen finden Sie eine Ausstellung über die weißen Trüffel aus Alba, Kostbarkeiten der Familie Cavour und einige Fundstücke aus der Römerzeit zum Weinanbau in Alba.

Das Museum

Öffnungszeiten (Führungen möglich):
April bis September: 9.00-12.00 Uhr/
14.30-18.30 Uhr
Oktober bis März: 9.00-12.00 Uhr/
14.00-18.00 Uhr
Dienstags geschlossen
Tel. 26 21 59

läuten, und ein emsiger Wärter wird Sie bei der Besichtigung begleiten. Die weitläufigen, aufeinander folgenden Waffensäle bilden den zentralen Teil. Geheimnisvolle Nischen und Falltüren öffnen sich in den mächtigen Wachtürmen. Bögen tun sich oberhalb steiler Treppen auf, und Schießscharten geben den Blick frei auf weit entfernte Hügel. Der alte Putz läßt durch die Risse darüberliegender, neuerer Schichten an manchen Stellen Ausschnitte von Fresken erahnen (Öffnungszeiten von April bis September: 9.30-12.00 Uhr und 14.00-18.00 Uhr; von Oktober bis März: 10.00-12.00 Uhr und 14.00-17.00 Uhr; montags geschlossen; Tel. 61 33 58).

Nach der Besichtigung des Kastells können Sie noch ein paar Schritte durch den Ort machen, um sich die Geschäfte und ortsansässigen Handwerksbetriebe anzuschauen (nicht versäumen sollten Sie La Contrada, ein kleines Delikatessengeschäft in der Via Roma 48). Vielleicht haben Sie Lust, in dem Albergo Ristorante Italia auf der Piazza Maria Cappellano ein kleines Glas Barolo Chinato zu trinken, die Spezialität des Ortes (siehe Seite 71).

Wenn das Kastell einen Abstecher in längst vergangene Zeiten gewährt hat, so führt dieses Hotel, das vom Lauf der Zeit unberührt geblieben ist, zurück zur Zeit der Jahrhundertwende, als Serralunga bei den Fremden für seine Traubenkur bekannt war. Giovanni Cappellano,

EINKAUFEN

Leckereien
La Contrada
Via Roma, 48

Wein
Bottega del Vino
Via Foglia, 1

L'Infernòt del Castel
Via Roma, 2

In den Weinbergen von Serralunga.

Blick über die Dächer von Serralunga.

damals schon ein großer Weinhersteller und Besitzer eines Herbergsbetriebs in Alba, brachte im Ort die Dolcetto-Traube in Mode, die als Heilmittel bei Anämie gilt. Sein Bruder Giuseppe, der Apotheker war, stellte mit Hilfe orientalischer Gewürze den inzwischen legendären Barolo Chinato her. Er wird als Digestif getrunken und als Heilmittel gegen alle Krankheiten angesehen. Dieses Elixier wird heute noch von seinem Urenkel unter demselben Namen und derselben Rezeptur hergestellt. Der neugierige Tourist, der wissen möchte, warum die Piazza weder nach Giovanni noch nach Giuseppe Cappellano benannt wurde, wird erfahren, daß Maria die unglückselige Tochter Giuseppes war und bereits in zartem Alter starb. Zu ihrem Gedenken erbaute der Vater diese Piazza mit dem Hotel und schenkte sie der Gemeinde.

Von Serralunga geht es weiter in die Hohen Langhe, deren erster Ort Roddino ist. Bevor Sie dort ankommen, biegen Sie rechts nach **Monforte** ab. Angesichts der Höhenlage (Sie befinden sich auf 600 Metern) verschwimmt die Landschaft vor den Augen, und der Blick schweift von Hügel zu Hügel, um sich schließlich im Alpenbogen zu verlieren. Zu Ihren Füßen erblicken Sie die letzten mit Wein bepflanzten Steilhänge, die in Wiesenland und Haselnußhaine übergehen. Dann geht es wieder bergab, und der Weinstock beherrscht wieder unumstritten das Landschaftsbild.

Als man zur Traubenkur nach Serralunga kam.

Barolo als Medizin

Das italienische Gesetz klassifiziert den Barolo Chinato als »Vino speciale aromatizzato«. Die Grundsubstanz bildet natürlich der Barolo. In diesem speziellen Fall ist es allerdings erlaubt, Alkohol und Zucker zuzugeben. Erst einmal wird der Wein unter Zusatz verschiedener Gewürze, von denen die »china calissaia« (Chinarinde) das wichtigste ist, vergoren. Der auf diese Weise hergestellte Barolo Chinato wird vor allem als Digestif getrunken, aber auch ganz traditionell als Stärkungsmittel und Tonikum. Gegen Erkältungen trinkt man ihn heiß.

Als er auf den Markt kam, wurde er als Medikament und sogar als Mittel gegen Malaria angesehen. So definierte ihn einer seiner Väter, der Apotheker Giuseppe Cappellano, der ihn gegen Ende des letzten Jahrhunderts in seiner Apotheke in Turin verkaufte (auf dem Foto unten sehen Sie ein altes Werbeplakat für den Barolino von Cappellano). Der Urenkel Teobaldo Cappellano stellt ihn bis in unsere Tage nach dem Rezept aus dem Jahre 1870, das 13 verschiedene Gewürze vorschreibt, in seinem Betrieb in Serralunga her.

Aber in den Langhe braut bis heute jeder Winzer seinen persönlichen Barolo Chinato. Unter den Erzeugnissen, die heute noch im Handel sind, finden Sie neben dem Cappellano Giulio Cocchi und Gancia aus Asti sowie neuerdings auch den Chinato der Gebrüder Ceretto. Die Chroniken erinnern an die historischen Etiketten von Zabaldano aus Monforte, Borgogno aus Barolo und zu guter Letzt auch an einen Vermouth aus Barolotrauben des Apothekers Tarditi aus La Morra, der auf die Mitte des vergangenen Jahrhunderts zurückgeht.

WEINKELLEREIEN

Gabutti-Franco Boasso
Borgata Gabutti, 3a
Tel. 61 31 65

Luigi Pira
Via XX Settembre, 9 bis
Tel. 61 31 06

**Giuseppe Massolino
Vigna Rionda**
Piazza Cappellano, 6
Tel. 61 31 38

Fontanafredda
Via Alba, 15
Tel. 61 31 61

Luigi e Fiorina Baudana
Borgata Baudana, 33
Tel. 61 33 54

Ettore Germano
Borgata Cerretta, 1
Tel. 61 35 28 und 61 31 12

Valter Palladino
Via Roma, 3
Tel. 61 35 12

Giuseppe Cappellano
Via Alba, 13
Frazione Bruni
Tel. 61 31 03

Die Weinberge von Serralunga

*Ausgangs- und
Zielort:*
SERRALUNGA

Länge:
4 KM

*Voraussichtliche
Dauer des Ausflugs:*

    1 STD.

    20 MIN.

Bei der Ortschaft Serralunga nehmen Sie die Provinzstraße nach Alba. Auf den ersten eineinhalb Kilometern bietet diese asphaltierte Straße einen weiten Panoramablick über die Hügelketten, derentwegen Sie ja auch diesen Ausflug machen. Vor Ihnen liegen die großen Lagen Santa Caterina, Lazzariasco, Lazzarito und Delizia. Kurz nach der Votivkapelle, die den Weg zum Friedhof weist, verlassen Sie die Provinzstraße und nehmen die Gemeindestraße nach Parafada-Gabutti, die links bergab führt und beschildert ist. Der Ausblick ist phantastisch: Vor Ihnen liegen die Hügel von Castiglione Falletto, Perno, La Morra. Hinter den Ortschaften Parafada und Gabutti ist die Straße nicht mehr asphaltiert und recht beschwerlich. Wenn Sie fast am Ende der Hügelflanke angekommen sind, wo der Wildbach Talloria fließt, biegen Sie nach links ab und steigen den Hügel in süd-östlicher Richtung auf dem Weg nach Feja wieder hinauf und halten auf das Dorf zu. Leider ist der Weg auf diesem Abschnitt nicht gut ausgewiesen, Sie können sich aber eigentlich nicht verlaufen. Weiter oben gehen Sie mitten durch die Weinberge und gelangen in den Hof der Borgata dei Vej. Ab hier ist die Straße wieder asphaltiert. Sie bietet auf dem restlichen Abschnitt bis zum Dorf einen schönen Rundblick über die Weinberge von Le Turne und Rivette.

Am besten parken Sie das Auto in Monforte auf der Piazza Umberto I. und gehen zu Fuß zum oberen Teil des Ortes hinauf. Dort biegen Sie in die Via Marconi ein und folgen dann zunächst der Via Silvano und später der Via Goito, bis Sie auf die Piazza della Saracca treffen, wo früher Osterie und Botteghe waren und wo Markt und Messen abgehalten wurden. Hier nehmen Sie die Via Cavour und biegen links in die schattige Via della Chiesa ein. Bald befinden Sie sich auf der alten Piazza,

Blick über die Altstadt von Monforte.

die von einem Glockenturm überragt wird. Dieser mächtige romanische Turm ist alles, was von der mittelalterlichen Kirche übriggeblieben ist, die zu Beginn dieses Jahrhunderts abgerissen wurde.

Die Piazza, die vor einigen Jahren in ein Auditorium umgewandelt und nach einem Pianisten benannt wurde, der sie 1986 einweihte, hat eine äußerst eindrucksvolle Atmosphäre. Wenn Sie abends hierherkommen, werden Sie in das gedämpfte Licht der Piazza versenkt, in das Schweigen der alten Mauern. Den Hintergrund bilden der Palazzo der Adelsfamilie Scarampi aus dem 18. Jahrhundert, der barocke Betsaal der Chiesa Santa Elisabetta und die Fassade der Chiesa dei Disciplinanti Bianchi, die ein Pendant zum Glockenturm bildet.

Den Abstieg zum Borgo machen Sie über eine andere Straße, indem Sie die Unterführung auf der anderen Seite der Piazza nehmen. Die großen Bögen des unter-

TIPS & INFOS
Ausführliche Informationen finden Sie auf Seite 130ff.

MONFORTE

17 Kilometer von Alba
Einwohner: 1952
Höhe: 528 m ü. d. M.
Postleitzahl: 12065
Vorwahl: 0173

Informationen
Municipio
Piazza Monsignor Dallorto
Tel. 7 82 02

ÜBERNACHTEN

Giardino da Felicin
Via Vallada, 18
Tel. 7 82 25

Grappolo d'Oro
Piazza Umberto I, 4
Tel. 7 82 93

Villa Beccaris
Via Bava Beccaris, 1
Tel. 7 81 58

ESSEN

Giardino da Felicin★★
Via Vallada, 18
Tel. 7 82 25
Sonntagabends und montags
geschlossen

Trattoria della Posta★
Piazza XX Settembre, 6
Tel. 7 81 20
Donnerstags geschlossen

EINKAUFEN

Leckereien
Antica Dispensa
Via Bava Beccaris, 3
Bricco Bastia

Haselnußkuchen
Panetteria Viberti
Via Palestro, 16

Wein
Enoteca di Monforte
Via Palestro, 2

Enoteca bar Rocco
Piazza Umberto I

WEINKELLEREIEN

*Unsere Adreßempfehlungen
finden Sie auf Seite 132 f.*

*Die kleine Feldkirche Santo
Stefano.*

irdischen Ganges stützten einst die Kirche aus dem Jahre 1622. Aber eine ganz andere Begebenheit regt die Phantasie der Bevölkerung an: Es wird erzählt, daß dieser Ort, besonders in dunklen und stürmischen Nächten, von Geistern heimgesucht wird, die laut stöhnen und klagen. Dies sind die Seelen der Katharer, die vor tausend Jahren den Hügel bewohnten. Monforte ist in der Tat nicht nur für seine Weine und den General Bava Beccaris berühmt, der sich hier niederließ, nachdem er die Volksaufstände in Mailand im Jahre 1898 in Blut erstickt hatte. Vor allem ist dieser Ort deshalb bekannt, weil sich hier im Jahre 1028 die Tragödie der Katharer ereignete. Die Anhänger dieses Glaubens wurden von den bewaffneten Männern des mailändischen Bischofs niedergeschlagen und nach Mailand gebracht, wo sie vor die Wahl gestellt wurden, abzuschwören oder den Tod auf dem Scheiterhaufen zu erleiden.

Der Spaziergang führt weiter über die Via del Carretto, bis Sie auf die Piazza d'Assi stoßen. Die Piazza trägt diesen Namen aufgrund des Dielenbodens, der von einem Kupferdach geschützt wird. Es geht weiter über die Via delle Scuole. Dann nehmen Sie erneut die Via Marconi, bis Sie auf die Piazza Umberto I. zurückkehren. Nicht weit entfernt, auf der Piazza XX Settembre, spielt man im Sommer Pantalera (eine Variante des Pallone Elastico, siehe Seite 25). Gleich gegenüber befindet sich die Trattoria della Posta, die wie das Ristorante Felicin hervorragende, für die Langhe typische Küche bietet.

Wenn Ihnen von den langen Märschen noch nicht die Füße weh tun, sollten Sie, bevor Sie das Dorf verlassen, unbedingt noch eine halbe Stunde dem Besuch der Vororte **Perno** und **Castelletto** widmen. Dieser Rundgang, der nur wenige Kilometer lang ist, ist von einer einzigartigen Schönheit, vor allem im Herbst während der Weinlese. Die zwischen Weingärten und Kastellen, dem Vorort Perno, dem Kastell von Castiglione Falletto und Serralunga gelegene Chiesa di Santo Stefano a Perno bietet ein Stück Langhe in heiligem Frieden, weit entfernt von den stark befahrenen Straßen.

Von Perno fahren Sie ins Tal hinab und biegen dort nach Castelletto ab. Dort finden Sie die Chiesa dell'Assunta, in der Sie gut erhaltene mittelalterliche Fresken bewundern können.

Das Einzugsgebiet von Monforte ist ziemlich groß, und die Güter der Weinbauern sind überall verstreut, oftmals befinden sie sich an sehr schönen Stellen. Aldo Conterno finden Sie bei Bussia, Giacomo Conterno bei

Zwischen Rebenreihen und Weinkellern

Die Route beginnt auf der Piazza Umberto I. Sie nehmen die Provinzstraße nach Roddino und biegen nach ca. einem Kilometer links in die Straße ab, die zum Ortsteil San Giuseppe führt. In dieser Gegend stand einst die Osteria del Ponte von Giacomo Conterno, einem der Väter des Barolo von Monforte. Wenn Sie in San Giuseppe angekommen sind, lassen Sie die dem heiligen Josef geweihte Kirche aus dem 18. Jahrhundert links liegen. Bald darauf stoßen Sie auf der leicht abschüssigen Straße auf die Gehöfte von Scaramuzza, einer kleinen, geschlossenen Häusergruppe mit Innenhöfen. Die Höfe bilden das Zentrum des bäuerlichen Lebens, an dem früher die gesamte Dorfgemeinschaft teilnahm. Wenn Sie den Weg fortsetzen, gelangen Sie nach Le Coste, einer Gruppierung von Bauernhäusern, die in einer Reihe entlang der Straße stehen. Von Le Coste steigen Sie in Richtung Pilone hinauf und verlassen die asphaltierte Straße. Nachdem

Ausgangs- und Zielort:
MONFORTE

Länge:
4 KM

Voraussichtliche Dauer des Ausflugs:

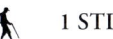 1 STD.

20 MIN.

Sie die Tenne und das Votivbild rechts hinter sich gelassen haben, gehen Sie durch die Weinberge hinunter, bis Sie wieder auf die Asphaltstraße nach Pian Romualdo treffen. An dieser Stelle biegen Sie rechts ab, gehen ein kurzes Stück bergauf und dann links die Sandstraße hinunter, die in ein kleines, von Pappeln beschattetes Tal führt. Den Hinweisschildern folgend biegen Sie rechts ab und steigen zwischen Wiesen, Feldern und Weinbergen wieder hinauf nach Le Coste, wo Sie auf der asphaltierten Straße den Rückweg nach San Giuseppe antreten.

Kastelle und fromme Kleinodien

Ausgangs- und
Zielort:
MONFORTE

Länge:
11 KM

Voraussichtliche
Dauer des Ausflugs:

 3½ STD.

 1½ STD.

D er lange, aber empfehlenswerte Ausflug führt über Hügelkämme und Talsohlen, durch Weinberge und Wälder, bietet herrliche Ausblicke auf die Hügel und Kastelle der Langhe und führt an interessanten Baudenkmälern vorbei. Der Weg beginnt oben im alten Dorfkern. Rechts von der Antica Dispensa (deren Spezialitäten aus den Langhe nicht nur eine Gaumenfreude, sondern auch eine Augenweide sind) folgen Sie der Asphaltstraße, die zum Friedhof führt. Kurz vor dem Friedhof biegen Sie nach rechts in die kleine Sandstraße ein, die auf dem Kamm entlang zur Provinzstraße nach Perno führt. Sie bleiben bis Perno auf dieser Straße. Am Ende des Weges steht oben auf einem Hügel, von Weinbergen umschlossen, die Friedhofskapelle Santo Stefano, die auf das 12. Jahrhundert zurückgeht. Sie weist eine romanische Apsis und Reste alter Fresken auf. Dann kommt Perno, beherrscht von seinem imposanten Kastell, das von seinem jetzigen Besitzer, Giulio Einaudi, restauriert wurde, aber nicht zu besichtigen ist. Sonntags wird auf dem kleinen Platz »Pallone Elastico« gespielt.

Auf Höhe der Straße nach Santo Stefano führt in entgegengesetzter Richtung eine Sandstraße nach Castelletto. Links liegt zunächst auf einem steilen Felsen das Dörfchen, dann kommen Sie durch einen Wald nach Castelletto hinunter. Dieser Ort verdankt seinen Namen den Resten einer alten Befestigungsanlage, von der auf der Höhe über dem Dorf noch vage Spuren zu sehen sind. Bevor Sie wieder nach Monforte hinaufsteigen, gehen Sie etwa hundert Meter talwärts. Im Tal kann man den Weg nach Serralunga nehmen, das auf der anderen Seite liegt. Er führt auf der kleinen Straße nach La Feja. Im Tal treffen Sie auf ein Votivbild. Etwa zweihundert Meter weiter geht auf der rechten Seite eine von Pappeln beschattete Sandstraße in Richtung Serralunga ab. Kurz darauf, wenn Sie das Flüßchen Talloria überquert haben, steigen Sie auf der Straße nach La Feja den Hügel wieder hinauf. Von Castelletto geht es zurück nach Monforte. Verlassen Sie jedoch zuvor die Gemeindestraße, um der Chiesa della Madonna Assunta einen Besuch abzustatten, wo Sie ein Fresko der Muttergottes mit Kind und Vogel bewundern können.

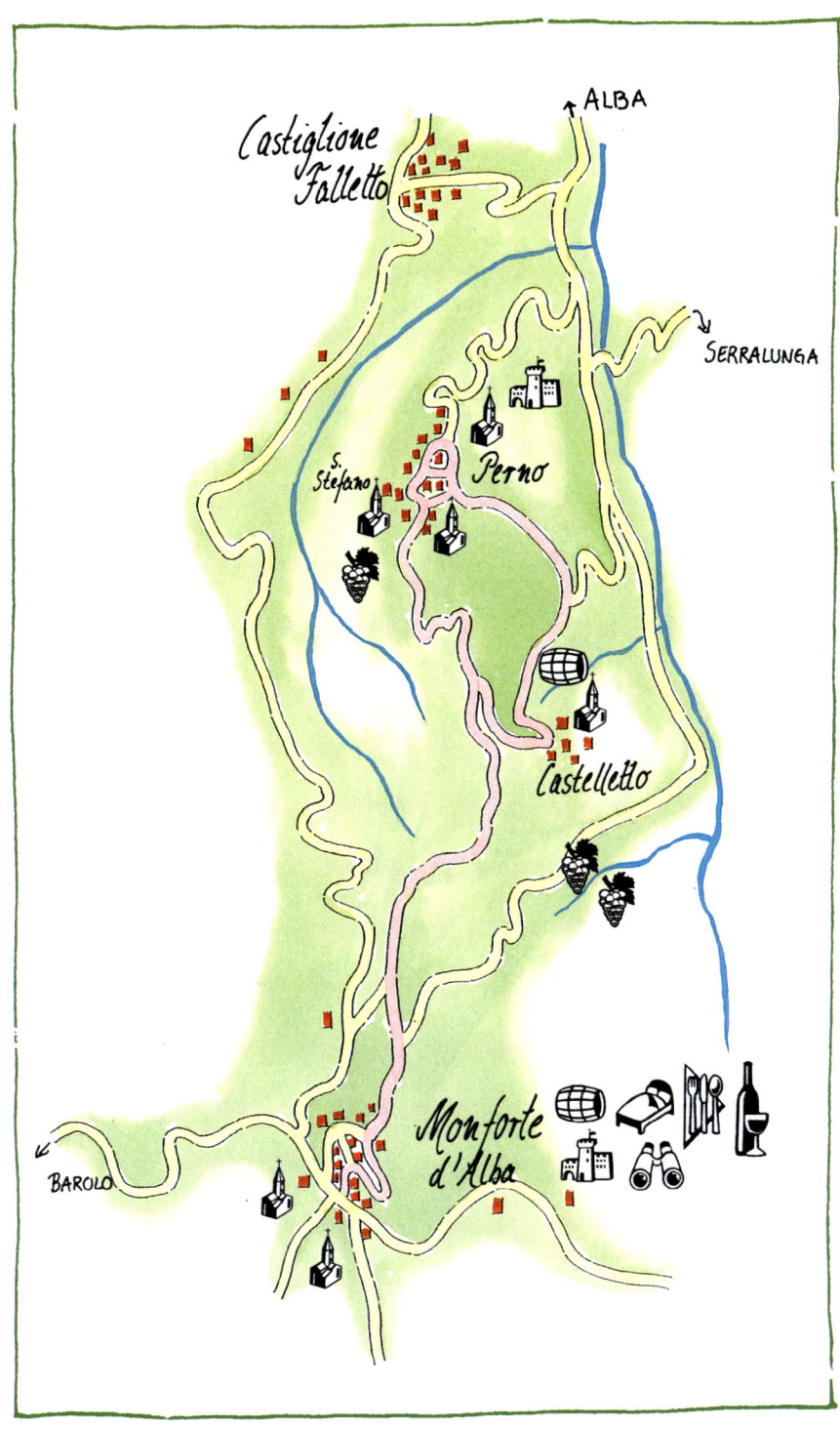

Auf den Spuren alter Kirchen

*Ausgangs- und
Zielort:*
MONFORTE

Länge:
3,5 KM

*Voraussichtliche
Dauer des Ausflugs:*

    1¹/₂ STD.

🚴   ¹/₂ STD.

Die Route beginnt bei der Cappella della Natività di Maria Vergine (im Volksmund Madonna delle Sette Vie genannt, weil sie an einer Wegkreuzung liegt), etwa fünfhundert Meter vom Hauptplatz entfernt an der Straße nach Monchiero und Barolo. In der Kirche, die auf das 15. Jahrhundert zurückgeht, befindet sich ein Fresko der Muttergottes mit Kind aus der gleichen Zeit. Seit der Pestepidemie des Jahres 1630 ist die Kirche das Ziel alljährlicher Wallfahrten. Nehmen Sie die Gemeindestraße rechts, die nach San Pietro führt. Auf dem Hügel von San Pietro erkennt man die Überreste eines mittelalterlichen Kastells mit Kirche. Nach etwa 700 Metern verlassen Sie die asphaltierte Straße und gehen unterhalb der Häuser von La Bettola in einen Wald hinein. Auf dem Hügelkamm folgen Sie den Hinweisschildern bis nach San Giovanni. An den Häusern des Dörfchens vorbei (das auf das 11. Jahrhundert zurückgeht), biegen Sie rechts ab und folgen der Sandstraße zwischen den Weinbergen bis zu dem Flüßchen Bussia hinab. Nachdem Sie dieses überquert haben, steigt die Straße wieder an und gabelt sich: Gehen Sie nach rechts weiter bis zu den Häusern von Bo. Dann setzen Sie Ihren Weg auf der asphaltierten Gemeindestraße fort, die zur Provinzstraße nach Monchiero hinauf in die Nähe des Ausgangspunktes zurückführt.

Das Kastell von Castiglione Falletto ist von weither zu sehen.

Ornati. Domenico Clerico und Valentino Migliorini sind über die Straße nach Monchiero zu erreichen. Auch Fantino in Fracchia ist nicht sehr weit entfernt, ebenso Parusso, Manzone und Seghesio, die Ihnen gerne die Türen zu ihren Weinkellern öffnen.

Wenn Sie das Dorf Monforte erkundet haben, halten Sie sich rechts, Richtung **Castiglione Falletto**. Nach wenigen Kilometern führt die Straße mitten in die Weinberge der Bussia-Lagen hinab. Wie ein Fächer öffnet sich der Blick auf die berühmtesten Lagen. Links breiten sich die beiden oberen Bussia-Lagen, Soprana und Sottana, aus. Rechts, auf dem Hügelausläufer von Perno, erblicken Sie den Hang von Santo Stefano mit der Kapelle (Bild Seite 74).

Auf diesem Weg werden Sie einige berühmte Barolo-Weinkeller entdecken, darunter Aldo Conterno, Armando Parusso und Pianpolvere Soprano. Der Weg in das Gemeindegebiet von Castiglione Falletto führt mitten durch die historischen Lagen Rocche, die in der Talsohle versinken, und den Weinberg Meriondino. Auf

TIPS & INFOS
Ausführliche Informationen finden Sie auf Seite 118f.

CASTIGLIONE FALLETTO

12 Kilometer von Alba
Einwohner: 596
Höhe: 350 m ü. d. M.
Postleitzahl: 12060
Vorwahl: 0173

Informationen
Municipio
Via Cavour, 26
Tel. 6 28 24

ÜBERNACHTEN

Albergo Residence Le Torri
Via Roma, 29
Tel. 6 29 61

ESSEN

Le Torri
Piazza V. Veneto, 10
Tel. 6 29 30
Mittwochs geschlossen

WEINKELLEREIEN

Azelia
Strada Alba-Barolo, 27
Tel. 6 28 59

Fratelli Brovia
Strada Alba-Barolo, 28
Tel. 6 28 52, 6 29 34

Fratelli Cavallotto
Località Bricco Boschis
Tel. 6 28 14

Monchiero Fratelli
Strada Alba-Monforte, 58
Tel. 6 28 20

Gigi Rosso
Strada Alba-Barolo, 20
Tel. 26 23 69

Paolo Scavino
Strada Alba-Barolo, 59
Tel. 6 28 50

Cantina Terre del Barolo
Strada Alba-Barolo, 5
Tel. 26 20 53

Vietti
Piazza V. Veneto, 5
Tel. 6 28 25

Cascina Bongiovanni
Strada Alba-Barolo, 4
Tel. 26 21 84

**Giuseppe Mascarello
e Figlio**
Strada del Grosso, 1
Via Borgonuovo, 108
Monchiero
Tel. 79 21 26

*In den Weinbergen von
Castiglione Falletto.*

der Kuppe liegt die moderne Kellerei der Gebrüder
Ceretto, die dort ihren berühmten Barolo Bricco Rocche
herstellen.

Im Zentrum von Castiglione erwartet Sie das Kastell
mit seinen zylinderförmigen Ecktürmen und dem imposanten Hauptgebäude. Ort und Kastell bilden fast
eine Einheit. Der Ort ist seit den Zeiten des deutschen
Kaisers Otto bekannt. Im 13. Jahrhundert fiel das Kastell in den Besitz der Familie Falletti, die der Siedlung
diesen Namen gab. Heute ist es in Privatbesitz und kann
nicht besichtigt werden. Nur ein Spaziergang entlang
der Stadtmauern kann dieses ruhige Dorf Ihnen bieten.
Es sei denn, Sie entschließen sich zu einem Besuch in
dem tiefen Weinkeller der Bottega Comunale del Vino.
An Castiglione scheint die Zeit unbemerkt vorüber-
gegangen zu sein. Es gab aber Zeiten großer Aufregung
sowie viele soziale und kulturelle Veränderungen. Hier
wurde die heutige Produzenten-Kooperative »Terre del
Barolo« ins Leben gerufen. Dieses Dorf hat auch einen
Mann wie Ferdinando Vignolo Lutati hervorgebracht,
der gleichzeitig Chemiker,
Waren- und Naturkundler
war und Stück für Stück die
Weinberge bearbeitete, um
in den Langhe eine phan-
tastische Reblandschaft zu
schaffen. Er legte die ersten Grenzen der späteren
»Zona del Barolo« fest, und
seine Arbeit ist auch am
Ende unseres Jahrhunderts
noch von wissenschaftli-
chem Wert. Das Haus des
berühmten Gelehrten, mit
den vielen kleinen Bögen,
die auf die Piazetta del Castello blicken, wurde vor einigen Jahren in ein Restaurant umgewandelt.

Nach dem Spaziergang könnten Sie die Gastfreundschaft der Familie Cavallotto genießen, deren Weinkeller
sich am Rande des Ortes, auf der Straße nach Alba befindet. Die schier endlose Reihe von Weinfässern erzählt
die lange Geschichte ihres Barolo, der auf klassische
Weise hergestellt wird.

La strada del Grosso und La Bussia

S ie verlassen das Dorf über die Provinzstraße in Richtung Alba. Nach knapp hundert Metern biegen Sie links in eine abschüssige Sandstraße ein. Es handelt sich um die alte Straße, die Castiglione mit der Talsohle verband, genannt La Strada del Grosso. In kurzer Zeit gelangt man ins Tal, in die Gegend von Garbelletto. Auf dem Weg genießt man den Blick auf die berühmten Weinberge Monprivato, Codana und Vignolo. Hier haben mehrere Weinkellereien ihren Sitz: die Weinkellerei Azelia von Lorenzo Scavino, die von Paolo Scavino und die der Gebrüder Brovia. Sie können sie auch besichtigen. Den Rückweg können Sie eventuell über Bussia Sottana nehmen, wie es für den anschließenden Ausflug vorgesehen ist. Von Garbelletto müssen Sie dann links die Provinzstraße nach Barolo einschlagen. Nach etwa einem halben Kilometer treffen Sie rechts auf die kleine asphaltierte Strada della Bussia.

V on Castiglione folgen Sie der Provinzstraße nach Monforte. Gleich hinter dem Ort begegnen Sie dem Gut der Gebrüder Monchiero und weiter vorn, auf der Anhöhe, dem Betrieb Bricco Rocche der Gebrüder Ceretto und schließlich dem von Armando Parusso. Sie gehen den Hügelkamm entlang und folgen dem Hinweisschild nach Bussia Sottana. Zu Ihrer Linken befinden sich die gleichnamigen Weinberge, zu Ihrer Rechten die Lage Le Monie. Auf der Talsohle angelangt, können die Fahrradfahrer den Rückweg nach Castiglione hinauf über die Provinzstraße nach Alba beginnen und dann nach rechts abzweigen. Auf diesem Weg kommen Sie an der Winzergenossenschaft Terre del Barolo vorbei. Andernfalls können Sie links nach Barolo weiterfahren. Zu Fuß nimmt man am besten die Strada del Grosso, um nach Castiglione zurückzukehren.

Ausgangsort:
CASTIGLIONE FALLETTO

Zielort:
GARBELLETTO (TALSOHLE ALBA-BAROLO)

Länge:
1,5 KM

Voraussichtliche Dauer des Ausflugs:

    20 MIN.

   10 MIN.

Ausgangsort:
CASTIGLIONE FALLETTO

Zielort:
TALSTRASSE ALBA-BAROLO

Länge:
2,5 KM

Voraussichtliche Dauer des Ausflugs:

45 MIN.

20 MIN.

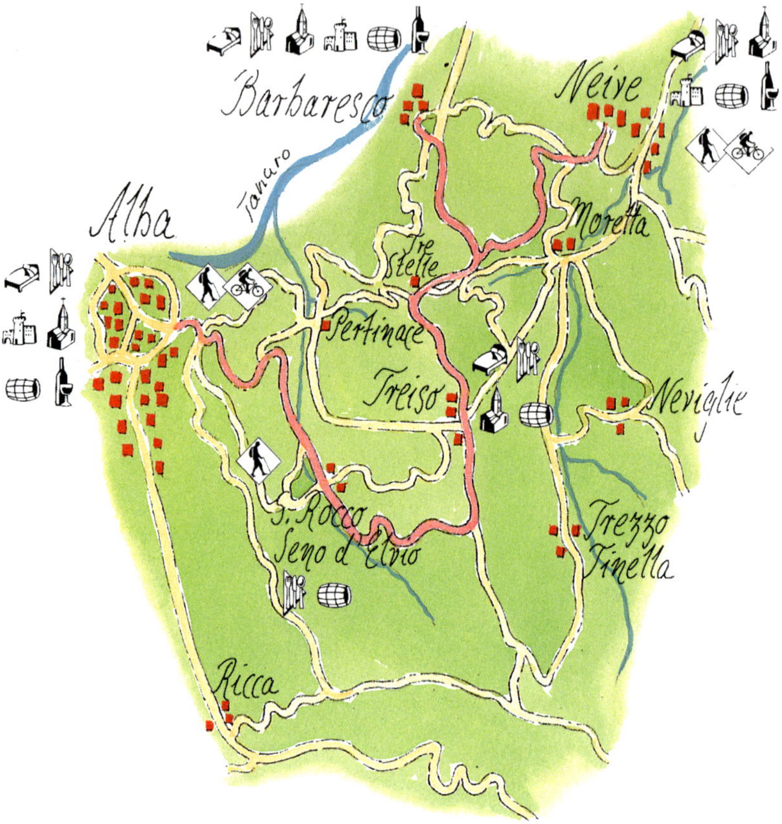

Barbaresco

Neive

Alba

Tanaro

Tre
Stelle

Moretta

Pertinace

Treiso

Neviglie

S. Rocco
Seno d' Elvio

Trezzo
Tinella

Ricca

Ausgangsort:
ALBA

Zielort:
NEIVE

Länge:
20 KM

*Voraussichtliche
Dauer des Ausflugs:*

 1 TAG

Von Alba nach Neive
über San Rocco Seno d' Elvio, Treiso und Barbaresco

Abstecher:

 TREISO, BARBARESCO, NEIVE

Im Barbaresco
Von Alba nach Neive

Wenn Sie am Ring die Umgehungsstraße verlassen, steigt die Straße von der Piazza Monsignor Grassi hinauf und erreicht über eine kurvenreiche Strecke zwischen alten und neuen Häusern (beredte Spuren des wirtschaftlichen Wunders von Alba) den Hügel von Altavilla. Die roten Dächer von Alba versinken allmählich unter den Türmen, die sich selbstbewußt und wachsam zwischen den Häusern erheben, bis auch sie immer kleiner werden. Von hier finden Sie den wahren Zugang in die Landschaft des Barbaresco. Schlagen Sie auf keinen

Fall die Staatsstraße zwischen Alba und Asti ein, die, vorbei an den trostlosen Fabrikhallen der Talsohle, auf direktem Weg nach Neive führt:

Blick über die Weinberge. Am Horizont die Altstadt von Neive.

Häuser und Gärten weichen vor den Weinbergen zurück und die Straße fällt zum Tal hin ab. Biegen Sie nun nach rechts in eine schmalere Straße, Richtung **San Rocco Seno d' Elvio** ein, dem nördlichsten Vorort Albas und zugleich südlichsten Punkt des kleinen Dreiecks, das das Gebiet des Barbaresco umreißt. In einem fla-

TIPS & INFOS
Ausführliche Informationen finden Sie auf Seite 138.

SAN ROCCO SENO D'ELVIO

5 Kilometer von Alba
Einwohner: 1300
Höhe: 200 m ü. d. M.
Postleitzahl: 12051
Vorwahl: 0173

ESSEN

Osteria Italia
Ortsteil San Rocco
Seno d'Elvio, 8
Tel. 44 15 47
Mittwochs geschlossen,
außer im Oktober

WEINKELLEREIEN

Poderi Colla
Ortsteil San Rocco
Seno d'Elvio, 82
Tel. 29 01 48

Gianluigi Lano
Strada Basso, 38 bis
Tel. 28 69 58

Luigi Penna e Figli
Ortsteil San Rocco
Seno d'Elvio, 96
Tel. 28 69 48

Armando Piazzo
Ortsteil San Rocco
Seno d'Elvio, 31
Tel. 3 56 89

chen, länglichen Gebäude ist die Osteria Italia untergebracht, gegenüber liegt, groß und leer, die alte Schule, in
der aber demnächst ein Wohnheim untergebracht werden soll. Oben, wo der Straßenplatz abschließt, ist das
Holzbrett für die *Pantalera* (eine Variante des Pallone
Elastico, siehe Seite 25) angebracht. Der Gebirgsfluß
Seno d' Elvio gräbt sich tief in das enge, rauhe Tal. Die
Landschaft bildet hier noch keine geordnete Abfolge
von Reihen und klaren, geometrischen Formen. Die
Hänge sind wild von alten Haselnußsträuchern, Pappeln, Rohr und ungewöhnlichen, maritimen Pinien bewachsen, die sich an die steilen Tuffsteinhänge klam-
mern. Rechts führt ein Feldweg durch einen Pappelhain
zum Weingut Drago mit der alten Kellerei Poderi Cola.
Wenn Sie sich vorher anmelden, können Sie das angeschlossene Museum besuchen: eine Ausstellung land-
wirtschaftlicher Geräte, die von dem Apotheker De Gia-
comi gesammelt und aufbewahrt wurden. Diese
historische Persönlichkeit Albas hat sich auch sehr für
die Entwicklung der Wein- und Gastrokultur in den

Unterwegs in der Gegend von San Rocco Seno d'Elvio.

Langhe eingesetzt. Unter den ausgestellten Objekten finden sich zwei Weinpressen aus dem 17. Jahrhundert, kupferne Destillierkolben aus dem 18. Jahrhundert und Geräte vom Beginn unseres Jahrhunderts, die für die Herstellung von Spumante benutzt wurden. Hier könnte eine Reise in die Geschichte des Barbaresco beginnen: mit Blick auf die ersten drei Flaschen Barbaresco aus dem Jahre 1870, deren Etiketten noch handbeschriftet sind.

Wenn Sie auf die Hauptstraße zurückgekehrt sind, biegen Sie nach einigen Metern links ab, auf die Straße, die nach Montersino hochführt. Oben erblicken Sie die schwindelerregenden Felsen Rocche dei Sette Fratelli, eine erodierende Felsformation aus weißem Mergel, die in der Tiefe von einer gewaltigen, der Legende nach göttlichen Kraft verschlungen wird. Ein moränisches Amphitheater, das sich nach oben hin wie eine Hand öffnet und sich an die letzten Ausläufer der Wein- und Haselnußanpflanzungen klammert. Die extreme Landschaft wird von hier an bis

Imposantes Spiel der Natur: Die Felsen der sieben Brüder – Rocche dei Sette Fratelli.

nach Barbaresco und Neive in jedem Winkel von Menschenhand geformt. Auf den in den Tuffstein gefrästen Wegen, die nachts von den sogenannten *Trifulao* herausgehauen wurden, können Sie, unter dem konzentrischen Flug der jungen Falken, zu Fuß die gefurchten Felswände durchlaufen.

Sie biegen nun links ab und erreichen über den Weiler Canta die Ortschaft **Treiso**. Mit einem einzigen Blick läßt sich der gesamte Ort erfassen, ein maßgenauer Mikrokosmos ehemaliger, ländlicher Kultur: hinter dem Dorfplatz zwei Kirchen, das Pfarrhaus, das Gemeindehaus, die Schule, zwei Gasthäuser, das Postamt und, etwas weiter, der Friedhof. Wenige Meter entfernt stehen vis-à-vis die Pfarrkirche Dell' Assunta (Mitte 18. Jahrhundert) und das Kloster Dei Battuti (Ende 19. Jahr-

Die Rocche dei Sette Fratelli

*Ausgangs- und
Zielort:*
SAN ROCCO
SENO D'ELVIO

*Voraussichtliche
Dauer des Ausflugs:*

    4 STD.

Von der Ortschaft San Rocco ist es möglich, wieder nach
Treiso hinaufzusteigen, am Saum der Rocche dei Sette
Fratelli entlangzuwandern und auf halber Höhe durch die
Weinberge hinabzusteigen, um zum Ausgangspunkt zurück-
zukehren. Eine kurze Rundwanderung, auch wenn das erste
Wegstück ziemlich steil ist, die durch extrem unterschiedliche
Vegetationszonen führt: vom feuchten Unterholz über die
Uferhänge des Seno d'Elvio bis hin zu den Nußbaumpflan-
zungen, Weinhängen und lichten Waldungen auf halber
Höhe.
Sie verlassen den Dorfplatz von San Rocco und gehen ca. 200
Meter, bis Sie zu einer Brücke und einer Eiche kommen. Bie-
gen Sie nun nach links in einen Feldweg ab. Der Weg läuft
zunächst am Bach entlang, führt dann hinunter ins Flußbett,
im Zickzack über die Steine, mal über die eine, mal über die
andere Uferseite wieder hinauf, durch Moos, Efeu und im
Frühjahr einen gelben Teppich aus Primeln. Im Hintergrund

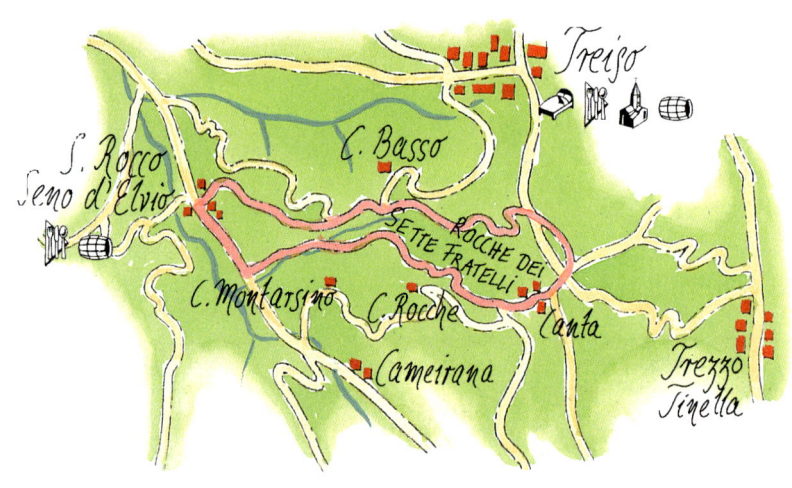

kann man das weiße Profil der Felsen erkennen. Schließlich
schlängelt sich der Weg rechts auf einer Bergrippe hinauf: dies
ist das schwierigste und steilste Stück der Strecke, aber verzweifeln Sie nicht, es ist sehr kurz. (Im übrigen wurde auf der
rechten Seite ein Seil angebracht, um den Aufstieg zu erleich-
tern.)
Wenn Sie den Wald durchquert haben, stoßen Sie auf den ersten Weinberg und kurz darauf auf eine Nußbaumpflanzung.
Der Weg führt noch immer nach oben, aber bereits weniger
steil.

Links öffnet sich der Felsstrudel, rechts blickt man auf die
Langhe. Ein Schauspiel, das für die Mühen entschädigt.
Nachdem Sie eine Wiese überquert haben, orientieren Sie
sich nach links und nehmen die Asphaltstraße, die zu der Ortschaft Canta führt.
Vor dem Turm des Elektrizitätswerkes verlassen Sie den Asphalt wieder und biegen rechts ein. Umlaufen Sie den Turm
und biegen Sie nochmals rechts ab, durch einen Weinberg
hindurch, auf den Gebirgskamm. Der Weg beschreibt eine
weite Kurve und führt hinab zu dem Weiler Giacone. Wiederum Weinberge und Felsstrudel, diesmal links von Ihnen.
Gehen Sie langsam weiter nach unten: der Weinberg wird
nun von Röhricht und Unterholz abgelöst. Das letzte Wegstück geht dann wieder zwischen den Weinhängen steil nach
unten.
Der Weg endet in San Rocco, hinter der alten Schule, die in
Kürze zu einer Herberge umgebaut werden soll. Ein idealer
Ort für eine Rast.

TIPS & INFOS
Ausführliche Informationen finden Sie auf Seite 141.

TREISO

7 Kilometer von Alba
Einwohner: 7320
Höhe: 410 m ü. d. M.
Postleitzahl: 12050
Vorwahl: 0173

Informationen
Municipio
Via Savona, 1
Tel. 63 81 16

ÜBERNACHTEN

**Azienda agrituristica
Il Ciliegio**
Via Meruzzano, 21
Tel. 63 01 26 und 63 82 67

**Azienda agrituristica
Ada Nada**
Via Ausario, 12
Tel. 63 81 27

**Azienda agrituristica
Villa Ile**
Strada Rizzi, 18
Tel. 36 23 33

Unterwegs im Barbaresco: Abseits der ausgetretenen Pfade.

hundert). Die Kirche hat eine klassizistische Ordnung (mit einer Doppelreihe Lisenen und darüberliegendem Giebelfeld) und barocke Verzierungen. 33 Tage lang sammelte die gesamte Bevölkerung Steine aus dem Fluß Tinella und brachte sie mittels einer Menschenkette auf den Platz, um die Kirche zu bauen. Die rote Ziegelfassade wird durch drei Heiligenstatuen verziert, die 1773 von dem Bildhauer Unia di Racconigi geschaffen und in ebenso vielen Nischen aufgestellt wurden. Zur gleichen Zeit transportierten die heimischen Rinderhirten aus Turin die große Kirchturmglocke. Sie wurde 1767 von dem Meister Traversa gegossen und ist vielleicht das interessanteste Detail: nach knapp einem Jahrhundert mußte sie an der Kirche verankert werden, weil sie zu leicht in der Luft hing. Das Kloster Dei Battuti, mit seiner etwas unglücklichen Stilmischung (klassizistische Fassade mit Bogenfeldern, Säulen und Spitzbogenfenstern), hat eine kuriose Entstehungsgeschichte: um seinen Bau stritten sich die beiden Ortschaften Cravero und Borgonuovo, so daß der Bischof gezwungen war, einen Abgesandten zu schicken. Dieser nun zählte einfach die Anzahl der Schritte zwischen den beiden Weilern und bestimmte als Sitz der zu errichtenden Kirche die halbe Strecke.

Der eigentliche Reiz von Treiso aber liegt in den Lücken zwischen den verschiedenen Bauwerken: wie weit geöffnete Bühnenvorhänge geben die leeren Räume den Blick frei auf die außergewöhnliche Szenerie, die sich von Barolo (an klaren Tagen erscheint Diano d'Alba fast greifbar) bis nach Roero erstreckt und sich nach oben hin im Weißblau der Alpengipfel auflöst.

Der Pfarrer verwahrt in einer alten Blechschachtel drei geschliffene Steine aus der Jungsteinzeit und erzählt von einer alten Römerstraße, die in dem Weiler Pertinace entdeckt wurde. Eine breite, gepflasterte Straße, die mit Rinnsteinen für die Abwässer versehen war und in der einen Richtung nach Alba, in der anderen nach Neive führte, wo sie in die berühmte Salzstraße einmündete.

Er erzählt auch von den römischen Truppen, die auf ihrem Weg von Savona nach Alba in Pertinace, in der Villa Manzola, haltmachten, um die Pferde zu wechseln. Einige Jahrhunderte später verschmolz die Geschichte von Treiso mit der von Barbaresco, beide heiß von Alba und Asti umworben und Schauplatz heftiger Schlachten, bis der Ort 1958 zu einer autonomen Gemeinde wurde.

Fahren Sie nun weiter bis nach **Tre Stelle**, dem geometrischen Zentrum des kleinen Sternbilds Barbaresco und dem Kreuzweg zwischen den drei Straßen, die ein »Y« ergeben: hier bleibt Ihnen die Wahl zwischen den beiden Verbindungsstraßen nach Neive bzw. **Barbaresco**. Sie wählen die zweite Möglichkeit, die horizontal an einem langen Gebirgskamm vorbeiläuft und erreichen den Ort, der Ihnen bereits durch die Wappen der Kellereien Ca Romé, Cortese, Rocca, Moccagatta usw. bekannt sein dürfte. Die Straße führt rechts an Barbaresco vorbei, auf einer Art Bahndamm und vom Ort durch ein tiefes Tal getrennt. Auf der rechten Seite liegt die Ca' Nova, ein schöner Gutshof aus dem 18. Jahrhundert, und immer wieder kommen Kellereien und Rebgärten, bis hin zur Brennerei des Barbaresco. Hier geht es links ab ins Ortszentrum. Angesiedelt auf einem runden, längsgestreckten Hügel, erscheint Barbaresco wie das Wrack eines Panzerkreuzers, das sich im Tanaro verkeilt hat, der unterhalb fließt und den hohen, steilen Bug ver-

ESSEN

**La Ciau
del Tornavento** ★
Piazza Baracco, 7
Tel. 63 83 33
Mittwochs und Donnerstagmittag geschlossen

Osteria dell'Unione ★★
Via Alba, 1
Tel. 63 83 03
Sonntagabends und montags geschlossen

EINKAUFEN

Holzofenbrot
**Panetteria forno a legna
Fabrizio Fenocchio**
Ortsteil Altavilla
Via Rio Sordo, 52

WEINKELLEREIEN

Unsere Adreßempfehlungen finden Sie auf Seite 142 ff.

Domizio Cavazza

Der Barbaresca hat einen geistigen Vater und eine Geburtsstunde. Der Vater, ein »Ausländer« aus Modena, kam 1881 nach Alba. Nach erfolgreichem Studium der Agronomie und Landvermessung an der Universität Mailand, vervollkommnete er sein Wissen in Versailles und Montpellier und wurde schließlich vom Landwirtschaftsminister berufen, in Alba eine Schule für Weinbau zu gründen und zu leiten.

Domizio Cavazza war eine außergewöhnliche Persönlichkeit und verstand es, zukunftsorientierte Experimente und Techniken zu fördern. In Frankreich hatte er die verheerenden Folgen der Reblaus nachgewiesen, die bereits riesige Anbaugebiete verwüstet hatte. Kaum in Alba angekommen, abonnierte er eine Fachzeitschrift, die sich mit amerikanischen Rebstöcken, der Filzlaus und weiteren Krankheiten befaßte. Im gleichen Jahr betraute ihn die italienische Regierung mit einem Weinberg, auf dem mit reblausresistenten amerikanischen Wildreben experimentiert wurde.

Die Zeiten waren damals schwierig für den Weinbau und sollten es noch viele Jahre bleiben. Mitte des 19. Jahrhunderts war Export noch ein Fremdwort, und häufig waren die Winzer gezwungen, ihren Wein aus Mangel an Käufern selbst zu trinken. Ottavio Ottavi vom Weingut Monferrato, Gründer der ersten Weinfachzeitschrift, schrieb damals: »Es ist eine unbestreitbare Tatsache, daß gegenwärtig nur wenig hochwertiger Wein, viel minderwertiger Wein und sehr viel Essig hergestellt wird.« Auch die besten Weine waren von unbeständiger Qualität und 99,5% der Weinberge von Alba teilten sich den Boden mit anderen Pflanzungen, darunter sogar Getreide: eine »Ehe zwischen Bacchus und Ceres«, die zu einem für die Reben nachteiligen Wettbewerb um Wasser und Nährstoffe führte. Aber Hunger ist nun mal die größte Bedrohung, die es abzuwenden gilt, und so lehnten die Bauern eine Monokultur ab. Zwei Weltkriege und der Faschismus sollten dem Fortschritt noch viele Jahre im Wege stehen.

Dennoch waren die Jahre von Domizio Cavazza eine Glanzzeit, die den Weinbau in Alba und die Geschichte des Barbaresco für immer prägen wird. Seine Leidenschaft für diese Region animierte ihn zum Kauf von Weinbergen und Landgütern, und schließlich dem Kastell von Barbaresco, in dessen Kellern die von ihm 1893 gegründete Genossenschaftskellerei von Barbaresco, eine der ältesten Italiens, untergebracht wurde. Zum ersten Mal beanspruchte der Nebbiolo di Barbaresco, der bis dato ängstlich unter dem Namen Barolo firmiert hatte, seine eigene Persönlichkeit. Die neu entstandene Kellerei wählte die Trauben aus den besten Hanglagen, förderte Experimente und Untersuchungen, die zur Verbesserung und Steigerung der Qualität sowie höherem Bekanntheitsgrad führten und bündelte nicht zuletzt die Kräfte der Gesellschafter, um die Risiken auf ein Minimum zu reduzieren und zu vermeiden, daß die Erzeugnisse aus den Weinbergen in Krisenzeiten unter den Schwankungen des Marktes zu leiden hatten. Die Gründung dieser Genossenschaftskellerei fällt zweifellos mit der offiziellen Geburtsstunde der Barbaresco-Weine zusammen.

hüllt. Der kerzengerade Mast überragt die gegenüberliegenden Hügel von Roero und rechts den Monferrato. Eine strategische Position, die den stattlichen Wachturm erklärt, der im 11. Jahrhundert erbaut wurde, um die Einwohner vor den Überfällen der Sarazenen zu schützen. Mit seinen 9 Meter dicken Wänden, die die vier Hauptpunkte bewachen, einer Höhe von 36 Metern, zwei Schießscharten und einem einzigen Fenster als Öffnung, erreichbar nur mittels einer Leiter, die über

Eine Stadt und ihr Fluß: Barbaresco am Tanaro.

den Festungsgraben führt, ist er der größte und massivste mittelalterliche Turm im Piemont: uneinnehmbar und daher über Jahrhunderte heftig von Alba und Asti umkämpft. Früher war er durch ein Dach geschlossen, das man aber 1821 entfernte, um mit einem riesigen Freudenfeuer die Ankunft von Vittorio Emanuele I. auf dem Schloß von Govone zu feiern: ein Übermaß an Enthusiasmus für die wiederhergestellte Herrschaft der Savoyer, das dem Turm nicht nur das Dach kostete, sondern ihn auch extrem den Unbilden des Wetters aussetzte.

Die Johannes dem Täufer geweihte, barocke Pfarrkirche San Battista wurde im 18. Jahrhundert erbaut und erhebt sich genau gegenüber, in einem perfekten architektonischen Gleichgewicht von Formen und Farben. Im Inneren birgt sie einen schönen Altar aus farbigem Marmor von 1789 und einen mit Intarsien verzierten Chor mit Chorstühlen aus Nußbaumholz aus dem Jahre 1796. Die Langhe ist eine einzigartig einheitliche Region, in der sich Barock und Gotik völlig gleichwertig zusammenfügen, mit Türmen und Schlössern, Pfarrkirchen und Klöstern. Auch die bäuerliche Struktur der Häuser und Kapellen, die sich dem Profil der Hügel-

TIPS & INFOS

Ausführliche Informationen finden Sie auf Seite 112.

BARBARESCO

10 Kilometer von Alba
Einwohner: 6490
Höhe: 273 m ü. d. M.
Postleitzahl: 12050
Vorwahl: 0173

Informationen
Municipio
Via Torino, 5
Tel. 63 52 34

ÜBERNACHTEN

Vecchio Tre Stelle
Ortsteil Tre Stelle
Via Rio Sordo, 13
Tel. 63 81 92

Cascina delle Rose
Ortsteil Tre Stelle
Via Rio Sordo, 17
Tel. 63 82 92 und 63 83 22

ESSEN

Antica Torre★
Via Torino, 8
Tel. 63 51 70
Sonntagabends und montags geschlossen

Rabajà
Via Rabajà, 9
Tel. 63 52 23
Donnerstags geschlossen

EINKAUFEN

Grappa
Distilleria del Barbaresco
Via Bricco Albano, 3
Tel. 63 52 17

Wein
Enoteca Regionale del Barbaresco
Via Torino, 8
Tel. 63 52 51
Mittwochs Ruhetag
Öffnungszeiten: 9.30-13.00
und14.30-18.00 Uhr

WEINKELLEREIEN

Unsere Adreßempfehlungen finden Sie auf Seite 113 ff.

Die Pfarrkirche San Battista, dahinter der alles beherrschende Wachturm von Barbaresco.

landschaft anpassen, tragen zu dieser Einheitlichkeit bei. Sie sind Teil der Landschaft, gebaut mit den Materialien der Region, geschaffen von geschickten Händen, die Sand- und Kalkstein, Gips und Mergel eine Form gegeben haben.

Die Häuser verteilen sich im Halbkreis um die Pfarrkirche und laufen dann in zwei geordneten Reihen nach unten, wo sie hinter der kleinen Kirche San Donato wieder zusammentreffen. Die Kirche stammt aus dem Jahre 1833 und ist heute Sitz der Enoteca Regionale. Auf der Straße erblickt man die Kellereien von Gaja und bald auch das Schloßgebäude: ein schöner Palazzo mit zwei Laubengängen, großzügigen Salons und zahlreichen unterirdischen Kellern. Er wurde im 19. Jahrhundert von den Grafen Galleani erbaut, die wenige Jahre zuvor die Lehen von Canelli und Barbaresco für wenig Geld gekauft hatten. Heute ist das Schloß im Besitz der Familie Gaja. Schlagen Sie nun die Straße ein, die unterhalb von San Donato abwärts führt und biegen Sie kurz darauf nach rechs, Richtung Bahnhof ein. Unter Ihnen liegt nun ein bezauberndes Trogtal, das sich von den Weinbergen Asilis bis hin zur Spitzenlage Rabajà erstreckt. Etwas oberhalb am Hang kann man den Gutshof Martinenga entdecken, und im Tal schließt sich das Panorama um den Bahnhof, einem rosa Palazzo mit großen, geschlossenen Augen, an dem die Feuchtigkeit und der Zahn der Zeit bereits ihre Spuren hinterlassen haben. Daneben sprudelt eine kleine Mineralquelle, die vor 3000 Jahren noch inmitten des heiligen Eichenwaldes lag, den die Liguri Stazielli, die ältesten Bewohner dieser Hügellandschaft, dem von ihnen verehrten Kriegsgott Mars gewidmet hatten: ein Wald, in dem man vor der Bedrohung durch die römischen Truppen Zuflucht fand. Dies erklärt auch den Namen des Weilers »Asili« (Asyl). Barbaresco verdankt seinen Namen den Römern, die das gesamte Gebiet als *Barbarica Sylva* (Heidenwald) bezeichneten. Man vermutet auch, daß Publio Elvio Pertinace, jener römische Kaiser, der nach nur 87 Tagen einer Verschwörung am Hofe zum Opfer fiel, auf dem Gutshof Martinenga, der ehemaligen Villa Martis, geboren

Die Weindynastie Gaja

Das Weingut Gaja wurde 1859 von Giovanni Gaja gegründet, dem Urgroßvater des gegenwärtigen Inhabers Angelo Gaja. Giovanni Gaja betrieb ein blühendes Transportgeschäft und hinterließ jedem seiner fünf Söhne einen Hof. Drei der Söhne verspielten, wie es in der Langhe früher häufig vorkam, ihr Erbe. Barba Cit, der jüngste, brachte es sogar fertig, auch die beiden Güter, die seine steinreiche Frau als Mitgift in die Ehe gebracht hatte, zu verschleudern. Angelo, der zweitjüngste, war aus anderem Holz geschnitzt: Er war sehr fromm und heiratete Clotilde Rey, eine strenge, ernsthafte Lehrerin, die in Barbaresco allgemein nur mit »madama« angesprochen wurde. Allein den engsten Verwandten war es erlaubt, sie »Tildin« zu nennen. Sie war starrköpfig, aber nicht dumm und besaß vor allem einen gesunden Menschenverstand, was bedeutete, daß sie gute Arbeit leistete. Zusammen mit den vier Schwiegertöchtern übernahm sie das Regiment im familieneigenen Gasthaus »L' Osteria del vapore« und änderte sofort die Geschäftsphilosophie. Ebenso verfuhr sie mit der Kellerei. Die Söhne schickte sie nach Alba zum Studieren.

Der 1908 geborene Giovanni wird Landvermesser. Er ist ein geborener Unternehmer mit außergewöhnlichem Geschäftssinn: Neben dem Wein kümmert er sich auch um das Bauwesen und den Handel. In jenen Jahren war der Landvermesser auch Vertrauter in geschäftlichen Angelegenheiten, Schlichter bei Streitigkeiten zwischen Erben und Nachbarn und Vermittler bei An- und Verkäufen. Ein solcher Mann steht unweigerlich auf der Seite der Macht: Während des Faschismus wird er Bürgermeister in Lequio Berria und politischer Sekretär in Barbaresca, von 1958 bis 1983 amtiert er erneut als Bürgermeister. Bei den Leuten beliebt, krümmten ihm die Partisanen kein Haar, und die Mitbürger wählten ihn immer wieder gern. Großmutter Tildin, seit 1944 Witwe, übernimmt die Leitung der Kellerei. Die Käufer sind bekannte italienische Familien mit Privatköchen und Weinkellern, die gefüllt sind mit französischen Grand Crus. Sie bestellen den Barbaresco ballonweise und füllen ihn als schlichten Tischwein in Flaschen um. Der Wein kann ohne weiteres zehn Jahre im Faß auf Käufer warten, aber Großmutter Tildin verfolgte bereits damals eine restriktive, auf Qualität bedachte Politik.

Als Angelo Gaja 1961 in den Betrieb eintritt, findet er eine wirtschaftlich beneidenswerte Situation vor, übernimmt einen in Oberitalien berühmten Namen und 33 Hektar bester Lagen in Barbaresco. Als seine Weine Mitte der 60er Jahre in der gehobenen Gastronomie Einzug halten, verfügt er bereits über eine hervorragende Angebotspalette. Ab 1967 kommen, beginnend mit San Lorenzo, die Crus dazu. 1970 nimmt der Önologe Rivella seine Tätigkeit im Betrieb auf: Im gleichen Jahr kommt die Lage Sorì Tildin dazu, 1978 schließlich noch Costa Russi. Zur gleichen Zeit experimentiert man in der Kellerei mit den französischen Barriques und im Weinberg mit neuen Rebsorten wie Cabernet Sauvignon, Chardonnay und Sauvignon. Die Verteidiger der Tradition verdrehen die Augen, die Konformisten staunen, aber heute gehören Darmagi, Gaia & Rey und Rossj-Bass zu den Klassikern der neuen italienischen Weinkunst und die mutigen Erfindungen von einst sind inzwischen alltägliche Praxis für alle (oder fast alle). Angelo Gajas Beispiel hat Schule gemacht und seine Erfolgsgeschichte geht weiter. Eine Geschichte, die mit Sicherheit einen herausragenden Platz in der Historie des Barbaresco einnehmen wird.

Die Genossenschaftskellerei in Barbaresco

Die Genossenschaftskellerei »Produttori del Barbaresco« wurde 1958 gegründet und markiert einen wichtigen Wendepunkt in der Geschichte des Barbaresco: nach 40 Jahren, die von zwei Weltkriegen, Faschismus und größter Armut gekennzeichnet waren, ist sie das Symbol für eine Art Wiedergeburt der gesamten Region. Das Verdienst gebührt dem kleinen Dorfpriester Don Fiorino Marengo, der versuchte, die Erfahrungen von Domizio Cavazza und seiner ersten Genossenschaftskellerei neu zu verwerten.

Sie war das ideale Band, um zwei Anliegen miteinander zu verbinden: den Willen, eine Region zusammen mit ihrem symbolischen Produkt zu fördern, die Bauern von den riskanten Marktschwankungen zu emanzipieren und die Qualität des Barbaresco zu verbessern und aufzuwerten. Der Anfang war bescheiden – Don Fiorino stellte die Kellerräume des Pfarrhauses zur Verfügung – und die Genossenschaft zählte zunächst nur 19 Mitglieder, aber man besaß einige der besten Hanglagen und die Resultate waren vielversprechend.

Nachdem die Anfangsprobleme überwunden waren, wurde die Kellerei unter dem Einfluß von Doktor Maffei und Celestino Vacca zunehmend größer.

1967 wurden die ersten Cru-Lagen aus der Taufe gehoben: Martinenga (inzwischen direkt von den Weinbergbesitzern, den Grafen Gresy, vermarktet), Pora, Montestefano, Moccagatta und Rabajà. Jede Flasche trägt auf dem Flaschenhals den Namen des Weinbergs und der Familie bzw. Familien der Eigentümer. Heute zählt man neun Cru-Lagen: Ovello, Montefico, Asili und Rio Sordo kamen später noch dazu. Die Genossenschaftskellerei, die heute von Duccio Vacca, dem Sohn von Celestino, geführt wird, ist mit 66 Gesellschaftern und 110 Hektar Weinbergen der größte Betrieb und spielt weiterhin eine wichtige Rolle bei der Entwicklung der Weine und der Region allgemein.

Produttori del Barbaresco
Via Torino, 52
Tel. 63 51 39 und 63 51 19

Die Natur im Barbaresco zeigt sich in immer neuem Kleid.

wurde. Alles in der Umgebung weist auf ihn hin: der Berg Elvio, der Fluß Seno d' Elvio, der Ort **Pertinace**.
Fahren Sie nun einige Kilometer zurück und nehmen Sie die Straße nach Neive. Immer noch säumen parallel zur Straße hin ausgerichtete Rebstockreihen den Weg oder laufen in einem weit entfernten Fluchtpunkt zusammen. Reihen mit Dolcetto, Barbera und der schwierigen, edlen Nebbiolorebe, die den sonnigsten Boden fordert, und schließlich die Moscatotraube, mit der bereits eine neue Weingegend, Richtung Belbotal, beginnt.
Neive hat zwei Gesichter. Der neuere Teil ist eher prosaisch, ein Ort des Handels, ehemaliger Rastplatz für die Fuhrwägen nach Alba und in jenen Zeiten reich an Gasthäusern und Stallungen für den Pferdewechsel. Sein Höhenflug als Handelsort begann mit der Eisenbahnstation, die Ende des 19. Jahrhunderts eröffnet wurde, zusammen mit der Linie Cantalupo-Alessandria, einer der ersten, die im Königreich Sardinien-Piemont gebaut wurden. In den 60er Jahren der architektonischen Anarchie gewachsen, hat der unten liegende Teil des Ortes den oberen quasi geschützt. Das rund um den Campanile angesiedelte, historische Zentrum blieb nahezu intakt, mit kleinen Palazzi aus dem 17. und 18. Jahrhundert, den Wohnsitzen alter Adelsfamilien, die die Gebäude zwar nicht immer restauriert, aber zumindest vor Verunstaltungen oder Zerstörung bewahrt haben. So erscheint uns das alte Neive fast unverändert, ein Juwel, das nun wieder aufblüht, dank bewundernswerter Restaurierungsarbeiten, wie die am Palazzo Cotti neben dem Wachturm. Dieser wurde im Jahr 1224 erbaut, um die Festungsanlage zu vervollständigen: rund um die Kirche Mille i Signori di Neive lagen das Castello

TIPS & INFOS
Ausführliche Informationen finden Sie auf Seite 134.

NEIVE

12 Kilometer von Alba
Einwohner: 2855
Höhe: 308 m ü. d. M.
Postleitzahl: 12052-12057
Vorwahl: 0173

Informationen
Municipio
Piazza Italia
Tel. 6 70 04 und 6 71 10

ÜBERNACHTEN

Locanda La Contea
Piazza Cocito, 8
Tel. 6 71 26

Mehl, Eier, Salz und das Wissen der alten Hausfrauen sind die einfachen Zutaten der Tajarin (dünne, feine Schnittnudeln), einer der Eckpfeiler der piemontesischen Regionalküche.

und die Festungsmauer, die den Ort vor den Angriffen der Sarazenen schützen sollte. Von der Mauer sind einige Reste erhalten, das Castello existiert nicht mehr, aber die Struktur des Ortes entspricht mit ihren dicht aneinander gedrängten Häusern noch immer einer Mauer, die sich wie eine Spirale den Hügel hinauffrankt. Lassen Sie das Auto außerhalb der alten Stadtgrenze stehen und betreten Sie die Stadt zu Fuß durch eines der alten Bogentore. Die beiden Eingänge werden bewacht von zwei Kapellen aus dem 16. Jahrhundert, die den beiden Schutzheiligen gegen die Pest, San Rocco und San Sebastiano, geweiht sind. Noch bis vor einigen Jahren begann die Prozession zur Pfarrkirche für die Verstorbe-

Kapaunenmarkt und Cobiòt

Am 22. Dezember findet in Neive alljährlich der Kapaunenmarkt statt, eines der ältesten und wunderlichsten Feste der Region. Nach alter Tradition ist es auf dem Lande Aufgabe der Frauen, sich der delikaten Operation anzunehmen, die aus den jungen Hähnen Kapaune macht und anschließend aus den Geschlechtsteilen, den Kämmen und Lappen eine Sauce für die *tajarin* (handgeschnittene Bandnudeln) zu kochen.
Am Morgen werden die Tiere auf der Piazza San Rocco ausgestellt und für das Weihnachtsessen gekauft. Früher durfte der Kapaun auf keiner bürgerlichen Tafel fehlen, heute sind sie eine seltene Delikatesse: Deshalb ist es in Neive Brauch, im Frühjahr die Küken an die Familien zu verteilen, um sich damit eine ausreichende Menge für den Markt zu sichern.
Es gehörte aber noch ein zweiter Teil zu dem Fest: der Markt der *cobiòt*, der am Nachmittag stattfand. Die Eltern begleiteten die zu verheiratenden Mädchen auf den Marktplatz, wo sie von einer Schar junger Männer und den sogenannten *bacialé* (Heiratsvermittlern) erwartet wurden, die richtige Verträge zwischen den Familien schlossen. Auf dem abendlichen Ball konnten sich die jungen Leute dann kennenlernen. Jedem von ihnen wurde auf dem Rücken eine Nummer angeheftet und nun suchten die jungen Männer in der Menge die zu ihnen passende Nummer, um die zukünftige Gefährtin aufzufordern. Ein Tanz, und vor allem eine gute Mitgift, und schon war eine neue Familie gegründet.

nen aus den Häusern im Osten und Süden gegenüber San Rocco, für die aus dem westlichen Teil vor der Kapelle San Sebastiano. Hinter den beiden Pforten steigt die Straße langsam an und man stößt immer wieder auf Wegstücke, die mit feinen Flußkieselsteinen aus dem Tinella gepflastert sind. Auf dem langen, schmalen Hauptplatz zeigt sich das erste Gemeindehaus aus dem 16. Jahrhundert: im oberen Stockwerk befand sich die Wohnung des Schulrektors, im dritten waren zwei Klassenzimmer untergebracht. Die Gemeinde will das Gebäude renovieren und in den oberen Stockwerken eine Bibliothek und einen Gemeinderaum einrichten. Unten will man den Bogengang durch Glasfenster schließen und ein Reisebüro einrichten. Etwas weiter steht das zweite Gemeindehaus, ein weiterer schmaler Palazzo mit breiten Bögen und einer darüberliegenden Uhr. Gegenüber befindet sich der Palazzo Giovanni Antonio Borgese, in dem das Rathaus nun seinen endgültigen Platz gefunden hat. In den Kellerräumen ist die Bottega dei Quattro Vini untergebracht. Borgese war eine Schlüsselfigur für die Kunst und Architektur des Ortes und Schöpfer der schönsten barocken Gebäude von Neive, etwa dem Kloster San Michele (das Portal ist ein Hauptwerk des heimischen Künstlers Giovanni Busso, im Oratorium ist ein Orgelkasten aus dem 18. Jahrhundert aufbewahrt), dem Palazzo Bongioanni, den man leicht an seinem monumentalen Portal erkennen kann, und schließlich dem prunkvollen Eingang zum Garten der Grafen von Castelborgo aus dem Jahre 1751. Mit

Blick auf die Altstadt von Neive mit ihrem Wahrzeichen: der Campanile.

Locanda Reale
Borgonuovo
Corso Romano Scagliola, 13
Tel. 6 70 91

La Casa di Sara Versio
Borgonuovo
Via De Revello, 73
Tel. 6 72 20

ESSEN

La Contea
Piazza Cocito, 8
Tel. 6 71 26
Sonntagabends und montags geschlossen

La Luna nel Pozzo
Piazza Italia, 23
Tel. 6 70 98
Mittwochs Ruhetag

Squola Alimentare
Ortsteil Bricco di Neive
Via Moniprandi, 1a
Tel. 67 75 65
Montags Ruhetag

EINKAUFEN

Grappa
Romano Levi
Via Borgo Stazione

Wurstwaren
Salumeria Nannerini
Piazza Italia, 17

Wein und Feinkost
Bottega dei Quattro Vini
Piazza Italia
Tel. 6 71 10
Öffnungszeiten: Mi., Do., Fr.
14.00-19.00 Uhr; Sa., So.
und Feiertage 10.30-13.00 u.
14.30-19.00 Uhr; Mo. u. Di.
geschlossen

**Al Nido della Cinciallegra –
Enoteca Contea**
Piazza Cocito

Enoteca L'Aromatario
Piazza Negro, 4

*Architekturdenkmäler in
Neive: ein Spaziergang durch
die Jahrhunderte.*

seinen drei breiten Bögen, den vier Säulenpaaren und
dem Eisentor mit dem Wappen der Grafen, läßt es einen riesigen Park vermuten: allein und losgelöst, vor einem taschentuchgroßen Grundstück, erscheint es wie
das Überbleibsel eines altehrwürdigen, königlichen
Landguts. Etwas oberhalb erreicht man die Piazza Cocito, beschattet von den jahrhundertealten Bäumen des
Gartens der Villa Pina. Sie wurde auf den Trümmern des
ehemaligen Castellos erbaut und war einst der Sommer-
sitz des Komponisten Lodovico Rocca. Gegenüber liegt
der Palazzo Cocito, ein ehemaliges Herrschaftsgebäude,
in dem Gabriele Cocito bereits im 16. Jahrhundert einen Laden mit Apotheke und Osteria unterhielt und in
dem nun die Locanda Contea untergebracht ist. Wenn

Sie noch etwas weiter, bis ans Ende der Spirale, nach
oben gehen, stoßen Sie auf das älteste Haus von Neive,
die Casaforte Cotto aus dem 13. Jahrhundert, wie man
an einigen Spitzbogenfenstern auf der Ostseite des Hauses erkennen kann. Es gehörte den Cottos, ehemaligen
Bankiers, die auch Bankhäuser in Frankreich und Flan-
dern besaßen. Die für den Bau benutzten Materialien
sind noch älter als der Bau selbst: einige Ziegel tragen
noch das Brandzeichen einer römischen Ziegelbrennerei. Bereits vor 2000 Jahren war Neive (der Name des
Ortes geht auf das lateinische *gens Naevia* zurück) eine
bedeutende römische Siedlung und man entdeckte auf-
schlußreiche Überreste zweier Friedhöfe, einer Mar-
morbrücke über den Tinello sowie einer alten Römerstraße.
Wenn Sie nun die Via Rocca entlang zurückgehen, können Sie den schönen Glockenturm der Pfarrkirche Santi
Pietro e Paolo sehen, die 1731 von Francesco Gallo erbaut wurde, der auch die berühmte Kuppel der Wall-

Romano Levi

Ich bin ein Ignorant. Von der Grappa und seinem Geschmack, seinen Aromen, seinen Inhaltsstoffen verstehe ich rein nichts. Bei einer Blindverkostung könnte ich vermutlich meinen eigenen Grappa nicht einmal von den anderen unterscheiden. Welche Vorstellung, daß die deutschen und amerikanischen Zeitschriften mich zum König des Grappa gekürt haben!«

So ist Romano Levi: ein kleiner Mann, mit zarten Händen und hellen Augen, die sich beim Lachen unter den weißen, unglaublich dichten Augenbrauen zusammenschließen. Während er spricht, klingelt unterbrochen die Türglocke, und hinter dem Eisengitterchen zeigen sich sehnsüchtige Gesichter, die nach der richtigen Mimik, dem richtigen Wort suchen, um wenigstens eine Flasche zu ergattern. Dann verschwinden sie wieder, bereit, wieder und wieder zurückzukommen.

»Die Leute überrennen Levi. Levi ist wieder da und schreckt die Leute«, hatte Romano bereits 1976 geschrieben. Aber so leicht lassen sich die Leute nicht schrecken.

Ein langer Balkon ohne Geländer, schräge Risse und die Knoten eines alten Rebstocks prägen die Fassade. Die Ziegel des Portals haben die Farbe von Trester, und der Hof ist voller Kräuter und Katzen aus Stein.

Die Destillerie befindet sich unten: »Sie wurde 1925 von meinem Vater, Serafino Levi, gegründet, aber er starb wenige Jahre danach. Glücklicherweise verkaufte meine Mutter damals nicht, aber 1945 verloren wir auch sie bei einem Bombenangriff. Ich war gerade 17 Jahre alt und hatte keinen blassen Schimmer von der Grappa. Ich kannte die Glut, das Feuer, den Trester und weiter nichts. Aus Fehlern lernte ich, wie man den Destillierkolben bedient und mit den Leuten umgeht. Damals begann ich zu arbeiten, um zu überleben, jetzt arbeite ich für die Seele, aber damals wie heute könnte ich ohne meine Destillerie nicht weiterleben.«

Zwischen dichten Nebeln, die die Sinne verwirren, geht es hinunter zu dem alten, kupfernen Destillierkolben, in dem eine klassische Grappa gebrannt wird. »Ist es nicht verwunderlich«, fügt Levi an, »daß ein Abfallprodukt der Kellereien zum speziellen Rohstoff für eine Grappa wird, den es bis zum jüngsten Tag geben wird? Der

ausgepreßte Trester, gepreßt und in Blöcke geschnitten, dient ein Jahr später als Brennstoff und aus der Asche wird ein hervorragender Dünger.«

Oben befindet sich der Raum für die Spinnweben und die Zeitschriften: alle, die über ihn berichten, und die »Sole 24 Ore« zum Einwickeln der Flaschen. Dazu kommt der Raum für die Etiketten, die Levi eigenhändig beschriftet und mit einer wilden, über die Hügel tanzenden Frau versieht. Das mit den Etiketten ist eine längere Geschichte von wilden oder würdigen Männern und Frauen, von römischen Söldnern, von einem »Garibaldi Giuseppe di Giuseppe Garibaldi« und vielem mehr. Heute ist keine Zeit mehr, davon zu berichten. »Es ist fast dunkel«, schließt Levi, »und ich muß noch einen Veilchenstrauß pflücken ...«

Detail aus einem Fresko von Cesare Ferro in der Friedhofskapelle von Neive.

fahrtskirche von Vicoforte entwarf. Die spätbarocke Kirche ist reich an Stuckarbeiten aus dem 18. Jahrhundert. Im Inneren befinden sich ein Marmoraltar der Madonna del Rosario (1751) und ein schöner, hölzerner Chorraum (1812).

Nachdem Sie die Altstadtgrenze passiert haben, sollten Sie den Ort nicht verlassen, ohne zwei der interessantesten Gebäude besichtigt zu haben, die aufgrund ihres etwas abgelegenen Standorts wenig bekannt sind. Auf dem Weg von Neive Borgonuovo nach Mango erhebt sich, hoch zwischen den Rebstockreihen, ein fünfstöckiger Turm aus der Römerzeit, dessen einzelne Stockwerke durch Gesimse getrennt werden, die mit kleinen, schwebenden Bögen verziert sind. Das kleine, geduckte Kirchlein daneben war einst die Sakristei der Abtei Santa Maria del Piano und entstand sehr wahrscheinlich auf den Resten eines alten, der Jagdgöttin Diana geweihten Tempels. Um das Jahr 1000 war die Abtei ein ausgesprochener Gutshof mit nahezu 200

Italiener in Siam

Die weitgehend unbekannte, aber faszinierende Geschichte von Cesare Ferro ist die einer Gruppe italienischer Künstler, die die Anfangsjahre unseres Jahrhunderts im fernen Königreich Siam verbrachten, begeistert von der Vollkommenheit und Empfindsamkeit der dortigen Kunst. Persönlichkeiten wie der Bildhauer Carlo Feroci, die Architekten Carlo Allegri und Annibale Rigotti oder der Maler Galileo Chini, die später durch den Bruch nach dem Zweiten Weltkrieg in Vergessenheit geraten sind. Vergessen in Italien, aber nicht in Bangkok, wo diese Künstler zusammen mit Ingenieuren zahlreiche Villen, Paläste, Akademien, Galerien, Brücken, Bahnhöfe und Baudenkmäler entworfen, gebaut und künstlerisch gestaltet hatten. Die Verbindung Italien–Thailand oder besser gesagt Turin–Bangkok (der Großteil der Künstler kam von der Accademia Albertina) begann Ende des 19. Jahrhunderts mit Rama V., einem gebildeten, aufgeschlossenen König, der von der italienischen Kunst fasziniert war. Die Verbindung wurde von den nachfolgenden Königen bis in die 60er Jahre hinein fortgeführt.

Cesare Ferro wurde 1904 nach Bangkok gerufen, um den königlichen Palast auszuschmücken. Siam wurde zu seiner geistigen Wahlheimat, dem Ort, an dem die Anmut des Jugendstils mit der Ausdrucksstärke der thailändischen Kunst zusammentraf. In den 30er Jahren, als er von seinem zweiten Aufenthalt im Orient zurückkam, übernahm Cesare Ferro die Präsidentschaft der Accademia Albertina.

Aus dieser Zeit stammt der wichtige Komplex der Fresken in der Cappella der Grafen Riccardi Candiani di Neive, die vor kurzem in den Originalfarben restauriert wurden.

Besichtigungen nach telefonischer Voranmeldung (Tel. 6 70 04 und 6 71 10).

Benediktinern, die es verstanden, auch die wildesten Gebiete zu entwalden und urbar zu machen.

Sie überspringen nun praktisch 1000 Jahre und besuchen die Friedhofskapelle von Neive, die wiederum von den Grafen Castelborgo in Auftrag gegeben wurde. Ein seltenes und schönes Beispiel neogotischer Architektur, das ungerechtfertigterweise von den meisten Führern ignoriert wird. Die Fassade zeigt eine Abfolge schlanker Fialen und Einlegearbeiten aus Ziegel, im Inneren befinden sich orientalisch beeinflußte Fresken des Turiner Malers Cesare Ferro.

WEINKELLEREIEN

Unsere Adreßempfehlungen finden Sie auf Seite 135 ff.

Francesco Vacca, ein Künstler vom Lande

Jahrgang 1913, schlank, groß, klarer, offener Blick und feine Gesichtszüge: Francesco Vacca spricht Dialekt, aber er ist deshalb nicht weniger intelligent. Er gebärdet sich auch nicht als Künstler, im Gegenteil. Gleich zu Beginn erinnert er uns daran, daß seine Arbeit als »Schnitzer« viele Jahre nichts anderes bedeutete, als Joche für die Ochsen herzustellen und zu verzieren. »Eines davon«, erzählt er, »wurde kürzlich für die stolze Summe von 3 Millionen Lire verkauft!«

Die schönsten verwahrt er im Haus, darunter ein besonders stattliches aus dem Jahre 1950: hart und glatt wie Marmor, verziert mit Reptilien, Vögeln, Fröschen, Obst, Getreide, einer Brücke, einem Zug, einem Auto und in der Mitte einem Haus, alles mit sicherem Strich als Flachrelief und Rundplastik herausgearbeitet. Das faszinierendste Stück stammt aus den frühen 30er Jahren, bevor er als Soldat eingezogen wurde: aus dunklem Ebenholz geschnitzt, gibt es perfekt die Vorstellungswelt eines jungen Menschen zu dieser Zeit wieder: Luftschiffe, Doppeldecker, ein Faustkampf, ein Zug, der aus einem Tunnel herausflitzt, ein Bus, der sich die Kurven nach Barbaresco hinaufwindet. Als die Freunde es sehen, schlagen sie ihm vor, nach Turin an die Akademie zu gehen und es dort vorzuzeigen. In Tu-

rin arbeitet Vacca für den Puppenhersteller Lenci und fertigt einige Figuren, die inzwischen im Museo Civico in Turin ausgestellt sind. Der Krieg beendet seine Studien in Turin und bringt ihn zurück aufs Land.

Erst 20 Jahre später beginnt seine wahre Laufbahn als Künstler, als er anfängt menschliche Büsten zu formen. Sein erstes Porträt fertigt er für seinen Namensvetter Vacca »vom Bahnhof«. Danach folgen die Büste seiner Frau, die des Dorfpfarrers Don Fiorino, die am Eingang zur Genos-

senschaftskellerei von Barbaresco aufgestellt ist, die der Tochter, die von Giovanni Gaja und schließlich ein Selbstporträt: Figuren aus seiner Welt, Ausschnitte aus dem Leben, gegossen in Gips und Bronze, die alte, wahre Geschichten erzählen, wie die Erde selbst.

Bricco di Neive

*Ausgangs- und
Zielort:*
**RIVETTI
BEI NEIVE**

*Voraussichtliche
Dauer des Ausflugs:*

    2 ¹/₄ STD.

🚴   1 STD.

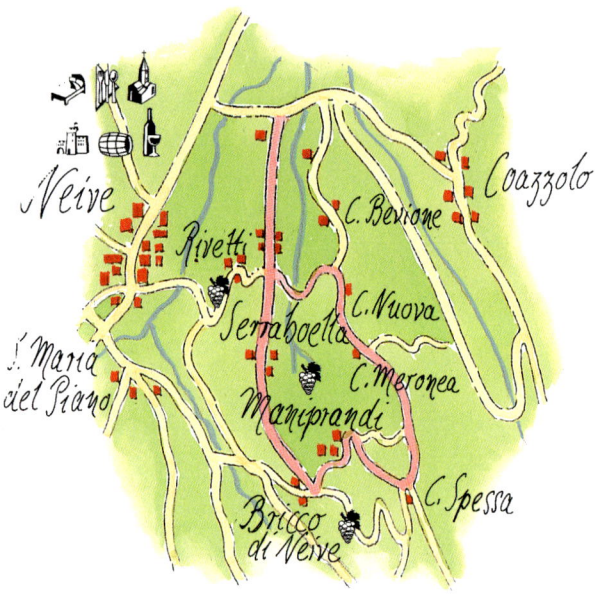

Genau gegenüber von Neive gibt es einen Panoramaweg, der auf zwei Gebirgskämmen seine Kreise nach oben zieht und an klaren Tagen eine spektakuläre Aussicht auf die Langhe, Roero und Monferrato bietet.

Sie nehmen die Straße, die von Neive Borgonuovo nach Castagnole delle Lanze führt und biegen dann nach rechts, Richtung Coazzolo ab. Die zweite Abzweigung führt zu dem Weiler Rivetti: eine schmale Straße führt rechts an den Höfen Toso, Vano und Rivetti vorbei. Lassen Sie das Auto stehen und nehmen Sie zu Fuß oder mit dem Mountainbike den zwischen den Rebstöcken angelegten Weg nach oben: die Hanglagen von Rivetti werden bald von denen von Serraboella abgelöst. Rechts sehen Sie die Altstadt von Neive und dahinter das Roero von Bra bis Santa Vittoria, von Guarene bis hin zum Castello di Govone. In der Ferne tauchen die Hügel von Chieri und Superga auf und die alpinen Gipfel beschließen den sich nach oben hin auflösenden Horizont. Der

Weg mündet in die Gemeindestraße, die von Borgonuovo nach Bricco di Neive führt. Folgen Sie ihr bis zum Ortseingang, vorbei an den Höfen Cigliutti und Paitin, und biegen Sie dann gegenüber der Osteria La Squola Alimentare nach links ab.

Am Ende des Anstiegs schlagen Sie den zweiten Weg auf der rechten Seite ein und umlaufen in einer kleinen Kurve die Höfe der Ortschaft Spessa. Dort, wo der Weg wieder mit der Gemeindestraße zusammentrifft, öffnet sich der Horizont auch nach rechts hin, auf die Hügellandschaft von Monferrato und man sieht Valdivilla, den Campanile von Castiglion Tinella und das gesamte Gebiet von Asti. Sie befinden sich an einem außergewöhnlichen Ort: von hier aus überblicken Sie die Anbaugebiete von Barbaresco und Moscato und jenseits des Tanaro das Roero und die Gipfel der Alpen.

Das Anbaugebiet von Bricco hinter sich lassend, läuft die Straße sanft zwischen den Weinbergen von Canova hinab ins Tal. Kurz vor dem Gutshof Traversa biegen Sie links ab. Das letzte Wegstück führt steil hinab in ein enges Tal und durch einen Pappelhain mit reichen Trüffelvorkommen. Danach führt der Weg wieder steil nach oben, zurück nach Rivetti, dem Ausgangspunkt der Tour.

Über Land

Auf alten Gemeindestraßen, über Gratwege, durch Weinberge und lichte Wälder, die auf den nördlichen Hängen überlebt haben, kann man die Hügellandschaft von Barbaresco durchwandern, ohne, abgesehen von kurzen Ausnahmen, mit Asphalt in Berührung zu kommen oder stark befahrene Routen benutzen zu müssen. Eine schöne Wegstrecke also, für die man ein paar Tage einplanen sollte. Sie können entweder in Neive Station machen und übernachten oder abends mit dem Zug nach Alba da Neive zurückkehren. Parken Sie das Auto in Alba auf der Piazza Monsignor Grassi und schlagen Sie die Straße nach Treiso ein. Nach dem Bahnübergang biegen Sie nach links ab, laufen ein Stück an der Bahnlinie entlang und nehmen dann den Weg, der sich

Ausgangs- und Zielort:
ALBA

Länge:
26 KM

Voraussichtliche Dauer des Ausflugs:

 2 TAGE

 4 ½ STD.

rechts nach oben schlängelt. Hinter Ihnen liegt Alba, neben sich haben Sie den Wald, der Sie bis Altavilla begleitet. An der Villa Torino biegen Sie links ab und gehen weiter bis zu dem Gutshof La Meridiana-Reiné (der auch Agriturismo anbietet), immer noch weiter hinauf, auf einem schmalen Weg zwischen Steinmäuerchen. Der Wald lichtet sich allmählich und der Weg verläuft nun eben zwischen den Bauernhäusern von Altavilla. Links können Sie die S-Schleife des Tanaro sehen, der um Alba herumfließt, dahinter die Hügellandschaft des Roero, von Santa Vittoria bis Govone. Auf der rechten Seite zeigen sich die Dörfer der Region Barbaresco. Wenn Sie auf Höhe des Bauernhofs Cascina Ghersi sind, biegen Sie rechts ab und laufen vorbei an den Weinbergen hinunter zu dem Weiler Ressia. Bei der Bäckerei in Pertinace kreuzt der Weg die Staatsstraße, die Alba mit Barbaresco und Treiso verbindet. Sie überqueren die Straße und setzen Ihren Weg bei der Genossenschaftskellerei I Vignaioli weiter nach oben fort. Lassen Sie die Straße nach Chirella rechts von sich liegen und folgen Sie dem Pfad, der durch die Weingärten hinauf nach Tre Stelle führt. Am Ende des Aufstiegs biegen Sie links ab und erreichen den kleinen Dorfplatz gegenüber der alten Schule, in der heute ein Vereinslokal untergebracht ist. An den Häusern von Nicolini Basso vorbei, geht es wieder hinab. Gegenüber können Sie den Turm von Barbaresco sehen. Der Weg taucht nun in ein Wäldchen ein und erreicht anschließend, vorbei an Weinbergen und Haselnußpflanzungen, den wunderschön in einem Trogtal gelegenen Bahnhof von Barbaresco. Nach einer kurzen Wegstrecke entlang der Bahnlinie, überqueren Sie diese und steigen quer durch die Weingärten hinauf zur Cascina Martinega, dem Sitz der Kellerei der Grafen De Gresy. Auf halber Höhe biegt der Weg nach rechts ab, durch den Weiler Asili mit seinen alten, verlassenen Meierhöfen. Das über den Toren angebrachte Schilfrohr dient dazu, die Rebstöcke hochzubinden. Ein paar Hennen laufen herum, ein Maulbeerbaum steht da. Gegenüber der Kapelle San Teobaldo beginnt der Weg sanft in Richtung Barbaresco abzufallen. Kurz vor und nach dem Ort haben Sie ein Stück asphaltierte Straße um die kleine Kirche San Donato herum, dem Sitz der regionalen Weinhandlung von Barbaresco. Bei der Ca' Nova beginnt dann wieder der unbefestigte Weg, führt hinab bis zum Weiler Montestefano, überquert etwas weiter noch einmal die Eisenbahnlinie und erreicht schließlich die Cascina Principe. Neive liegt direkt gegenüber und ein Weg durch die Weingärten führt geradewegs hinauf in die Altstadt. Auf der anderen Seite der Staatsstraße geht

rechts ein Feldweg ab und bringt Sie zu dem Weiler Pastura.
Von dort geht es wieder einen Hügel hinauf bis zu dem kleinen Wäldchen von San Cristoforo. Ab hier läuft der Weg horizontal auf einem Gebirgskamm, und Sie genießen eine
großartige Aussicht: links sehen Sie von Neviglie bis zur Hügellandschaft von Asti, rechts liegen die Langhe und das
Roero und im Hintergrund tauchen die Alpen auf. Danach
fällt der Weg steil bergab bis zur Cascina Castellissano und
geht danach abermals steil bergauf bis San Stefanetto und
etwas weiter nach Treiso. Im Ort biegt der Weg Richtung
Manera-Cappelletto ab und läuft dann ein Stück am Friedhof
entlang. Treiso liegt nun in ihrem Rücken, vor Ihnen öffnet
sich die Felsformation der Rocche dei Sei Fratelli. Der Weg
führt am Rande der Rocche weiter, fällt ab und endet hinter
der alten Dorfschule von San Rocco.
Am Ortsausgang, unmittelbar nach der Brücke, schlängelt
sich der Weg hinauf zur Casa Mottara und erreicht den Ort
Portinale. Unter Ihnen öffnet sich das Tal von Alba, dahinter
liegt das enge Flußtal des Seno d' Elvio. Halten Sie sich nun
Richtung Bricco delle Capre, danach geht der Weg steil bergab und endet wieder bei den Häusern des Vororts Boffa, hinter dem Bahnübergang, dem Ausgangspunkt unserer Wanderung.

Wie alle Routen in der Region Barbaresco ist auch dieser Weg
mit roten und gelben Wegmarkierungen der Vereinigung
»Trekking in Langa« gekennzeichnet.

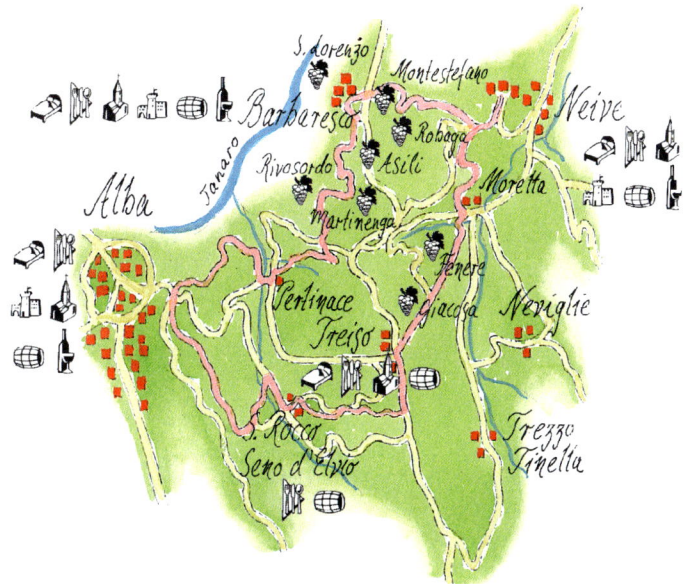

Tips & Infos
Ausführlicher Adreßteil

Hotels, Restaurants, Osterie, Weinkellereien, Bars, Cafés, Läden, Werkstätten, Ferien auf dem Bauernhof, von Arcigola Slow Food ausgewählt

Essen und Trinken

Trattoria Roma   Restaurant mit guter Küche
Trattoria Roma ★   Restaurant mit bemerkenswert guter Küche
Trattoria Roma ★ ★   Restaurant mit ausgezeichneter Küche, nicht versäumen

Restaurant, das uns besonders gut gefällt aufgrund seines gemütlichen Ambientes, der traditionellen Küche und der unverfälschten Gastfreundschaft

Die Weinberge von Barbaresco.

ALBA

Vorwahl: 0173

ÜBERNACHTEN

Hotel Ave
Via Einaudi, 5
Tel. 36 12 56
3 Sterne
14 Zimmer mit, 4 ohne Bad
Parkplatz
Preise: Einzelzimmer mit Bad
85 000 Lire, ohne Bad
65 000 Lire; Doppelzimmer
mit Bad 140 000 Lire
Kreditkarten: die gängigsten

Guter Komfort. Das Hotel liegt am Rande der Altstadt.

MotelAlba
Corso Asti, 5
Località Rondò
Tel. 36 32 51
3 Sterne, 2. Kategorie
94 Zimmer mit Bad
Bar, Kongreßsaal, Parkplatz,
Swimmingpool
Preise: Einzelzimmer
100 000 Lire, Doppelzimmer
150 000 Lire
Kreditkarten: die gängigsten

Ein Neubau am Stadtrand, auf der Staatsstraße nach Asti. Es ist einfach zu erreichen, gastfreundlich und komfortabel.

Hotel Savona
Via Roma, 1
Tel. 44 04 40
3 Sterne
98 Zimmer mit Bad, 6 Mini-suiten, davon 3 mit Whirl-pool; Restaurant, Bar,
Konferenzraum, Parkplatz
Preise: Einzelzimmer 85 000
Lire, Doppelzimmer 120 000
Lire, Suite 120 000 Lire,

Frühstück 15 000 Lire
Alle Kreditkarten

Ein kürzlich restauriertes Hotel mit langer Tradition, in der Altstadt gelegen und bequem zu erreichen. Die Zimmer sind sehr komfortabel.

Azienda agrituristica Reiné-La Meridiana
Località Altavilla, 19
Tel. 44 01 12
2 Apartments mit je
2 Zimmern, Bad und großer
Terrasse, 4 Zimmer mit Bad
Frühstück und Abendessen
auf Anfrage
Preise: Doppelzimmer
110 000–120 000 Lire,
Apartments 130 000 Lire
Keine Kreditkarten

Gediegenheit, guter Geschmack und herzliche Gastfreundschaft charakterisieren diese Residenz auf dem Hügel von Alba, an einem ruhigen Ort, mitten im Grünen. Gut geeignet für einen kurzen Erholungsurlaub. Freizeitangebot: Billard, Boccia, Bogenschießen, Tischtennis. Im September Traubenkur.

Hotel I Castelli
Corso Torino, 14
Tel. 36 19 78
4 Sterne
84 Zimmer, 3 Suiten, alle
mit Bad, TV, Klimaanlage,
Tresor;
Restaurant, Bar, überdachter
Parkplatz, 2 Konferenz-räume, Terrasse mit
Panoramablick
Preise: Einzelzimmer
135 000 Lire, Doppelzimmer
180 000 Lire, Suite 230 000
Lire
Alle Kreditkarten

Ein Hotel modernsten Zu-schnitts und ausgesprochenem Komfort (Safe auf dem Zim-mer). Hervorragendes Früh-stück, auf Wunsch im Zimmer. Große Panoramaterrasse. Behindertengerecht.

Piemonte
Piazza Rossetti, 6
Tel. 44 13 54
2 Sterne
10 Zimmer mit Bad
Restaurant, Bar, Parkplatz
Preise: Einzelzimmer
60 000 Lire, Doppelzimmer
100 000 Lire
Kreditkarten: die gängigsten

Einfache, gemütliche Zimmer mitten in der Altstadt, gleich hinter dem Dom.

Leon d'Oro
Piazza Marconi, 2
Tel. 44 19 01 und 44 05 36
2 Sterne
12 Zimmer mit Bad
Preise: EZ mit Bad 65 000
Lire, ohne Bad 45 000 Lire,
DZ mit Bad 85 000 Lire,
ohne Bad 65 000 Lire
Keine Kreditkarten

Ordentliche, funktionelle Zim-mer in der Altstadt. Großer Parkplatz auf dem Vorplatz.

Azienda agrituristica Paitin
Ortsteil Rivoli, 17
Tel. 36 31 23
2 Apartments und 1 Doppel-zimmer, alle mit Bad
Preise: Doppelzimmer mit
Frühstück 80 000–100 000
Lire
Kreditkarten: die gängigsten

Gemütliche Zimmer auf einem Hof aus dem 18. Jahrhundert, inmitten von Weinbergen. Koch-möglichkeit im Gemeinschafts-raum.

SOL (Strutture Ospitalità Locale)
Associazione Piccole
Strutture Ricettive Langhe
Monferrato Roero
Piazza San Paolo, 3
Tel. 36 32 36

Die Gesellschaft gibt Auskunft über private Unterkunftsmög-lichkeiten in Alba und den Langhe: Zimmer, Apartments,

Bauernhöfe. Eine Art italienischer »Bed & Breakfast«.

ESSEN

Osteria dell'Arco
Piazza Savona, 5
Tel. 36 39 74
Sonntags und montagmittags
geschlossen
Betriebsferien: 15 Tage im
Juli und 15 Tage im Januar
Plätze: 50
Preise: 35 000–40 000 Lire,
ohne Wein
Alle Kreditkarten

In den neuen schönen Räumen an der Piazza Savona hat die Osteria dell'Arco weder ihren Stil geändert noch die Qualität ihrer Speisen. Die jungen Küchenchefs Fulvio und Daniele sind ihrer Tradition treu geblieben, und folgende Gerichte gibt es regelmäßig: Carne cruda in insalata (eine Art Tatar), Gemüseauflauf mit Fonduta (Käsecreme), Tajarin, Nudeltäschchen al plìn, in Rotwein geschmorter Rinderbraten, Kaninchen in Arneis, Bonet – und neu: gelungene Kreationen wie marinierter Flußaal, Kalbsnuß mit eingelegten Cocktailtomaten und Ei mit Trüffeln aus der Kasserolle, nach denen man sich alle Finger schleckt, umfangreiche Weinkarte mit allen Neuheiten aus den Langhe.

Daniel's Al Pesco fiorito
Corso Canale, 28
Tel. 44 19 77
Sonntags geschlossen, außer
im Herbst
Betriebsferien: 20. Juli bis
15. August und
26. Dezember–6. Januar
Plätze: 150
Preise: 55 000–60 000 Lire,
ohne Wein
Alle Kreditkarten

Das Lokal wird von der Erfahrung und dem Können des großen Chefs Mauro Penna ge

tragen. Im Saal herrscht Enzo Varaldo als Patron Sommelier. Die Gerichte sind die Klassiker der Langhe, der Wein ist erlesen, aus den besten Lagen Piemonts, aber auch von jenseits der Alpen. Empfehlenswert sowohl für ein kleines Arbeitsessen als auch für ein ausgiebiges Abendessen.

Porta San Martino
Via Luigi Einaudi, 5
Tel. 36 23 35
Montags geschlossen
Betriebsferien Juli–August
Plätze: 50
Preise: 55 000–60 000 Lire,
ohne Wein
Alle Kreditkarten

In diesem einfachen, familiären Lokal finden Sie die gute Küche der Langhe, mit sehr typischen Gerichten: Carne cruda all'albese, Agnolotti al plìn, Hühnerinnereien und auf Bestellung Fritto misto. Man beschließt das Essen mit dem Bonet oder dem Semifreddo al Torrone. Weine von guter Qualität.

Il Vicoletto ★
Via Bertero, 6
Tel. 36 31 96
Montags geschlossen
Betriebsferien: Mitte Juli bis
Mitte August
Plätze: 40
Preise: 75 000–80 000 Lire,
ohne Wein
Alle Kreditkarten

In der Altstadt, gleich hinter der Piazza Pertinace, haben Bruno und Ilva Boggione ein einfaches, aber elegantes und komfortables Lokal eingerichtet. Charakteristisch ist die leichte, solide Landesküche: delikate Antipasti wie Kaninchensalat, Forelle, Ei mit Trüffeln; bei den Primi Tajarin oder Nudeltäschchen mit Käsefüllung; bei den Secondi Steinpilze, Lamm oder feingeschnit

tenes Rindfleisch. Große Dessertauswahl. Mittags kann man auch nur einen Gang bestellen. Gute Weinkarte.

Osteria Lalibera
Via Pertinace, 24a
Tel. 29 31 55
Sonntags und montagmittags
geschlossen
Betriebsferien: 2 Wo. im
Januar, 10 Tage Mitte August
Plätze: 40
Preise: 35 000–40 000 Lire,
ohne Wein
Kreditkarten: die gängigsten

Im Eingangsbereich stehen zwei Theken für den schnellen Imbiß, dazu kommen zwei kleine Speisesäle für komplette Mahlzeiten. Die Karte orientiert sich an der Jahreszeit und bietet lokale Spezialitäten wie die unverzichtbare Insalata di carne cruda, Kalbfleischsülze, Gemüseaufläufe, Tajarin mit Pfifferling- und Steinpilzsauce, Kartoffelgnocchi, Suppen, Schmorbraten und Spezialitäten aus dem angrenzenden Ligurien wie Kaninchenbraten mit Oliven aus Taggia. Den Abschluß bilden köstliche Desserts: Mandarinen- oder Melonenmousse, Bayerische Creme mit weißer Schokolade und Sorbets. Dazu gibt es eine reichhaltige Auswahl an Weinen aus der Umgebung.

Enoclub
Piazza Savona, 2
Tel. 3 39 94
Montags geschlossen
Betriebsferien: im Januar und
August
Plätze: 80
Preise: 45 000 Lire, ohne
Wein
Kreditkarten: MC, Visa

Stein- und Ziegelwände schmükken den Speisesaal dieses gemütlichen Restaurants in den alten Kellerräumen des Umberto Notte. Die Küche bietet klassische

Gerichte aus den Langhe, darunter hervorragende Antipasti wie Kaninchen- oder Forellensalat, während der Saison Rührei mit Trüffeln. Unter den Primi finden sich Tajarin und Agnolotti mit Käsesauce, zu den Hauptgerichten zählen Lamm und Rindersteak. Dazu kommt eine gute Auswahl an Desserts und Weinen. Mittags gibt es ein günstiges Tagesgericht.

EINKAUFEN

Fleisch und Wurstwaren
Albacarni
Via Vittorio Emanuele, 19

Ein zuverlässiges Geschäft in der Via Maestra mit hochwertigem Kalbfleisch aus Alba, Barolo- und Trüffelsalami, Trüffelwürsten und, an Weihnachten, Ochsenfleisch aus Carrù.

Macelleria Asteggiano
Strada Casale – Ecke
Via Cavour

Bei Giuseppe Asteggiano bekommen Sie Fleisch von piemontesischen Rindern, die auf kleinen Höfen in der Umgebung gezogen wurden.

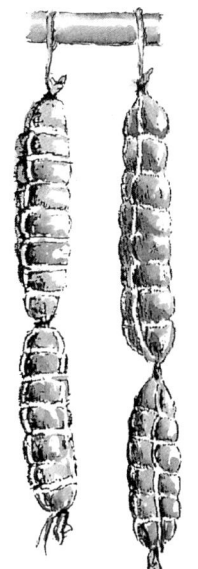

Barolo Chinato, Torrone
Drogheria Carosso
Via V. Emanuele, 23

Diese Drogheria bietet eine große Auswahl von hoher Qualität. Vor einigen Jahren wurde auch das Angebot der Weine und Destillate erweitert.

Typische Süßigkeiten
Cignetti
Via Vittorio Emanuele, 3

In dieser alten Jugendstilkonditorei kann man an kleinen Bistrotischen mit Blick auf die Via Maestra leckere, lokale Spezialitäten wie Feingebäck, Albesi mit Schokolade, süße Trüffeln und Torrone kosten.

Pasticceria Maria Grazia
Corso Italia, 6

Ein angenehmer Ort mit Spezialitäten, die man probiert haben muß: Nußkuchen, Albesini, Torronata, Napoleontorte mit Baiser und hervorragendes Salzgebäck.

Relanghe
Corso Bra, 105

Der Betrieb wird von den Geschwistern Ceretto und Vezza (Olivenölhersteller) gemeinsam betrieben und bietet traditionell zubereiteten Torrone, für den ausschließlich heimische Nüsse der Sorte Tonda Gentile sowie Akazienhonig aus den Langhe verwendet werden. Besonders gut ist die zart-mürbe Sorte Piemonte. Außerdem gibt es Torrone mit Mandeln bzw. mit Mandeln und Pistazien und alle Sorten auch in der Version mit Schmelzschokolade. Den Torrone von Relanghe findet man in den besten Konditoreien, in Weinhandlungen und Süßwarenläden.

Pettiti
Via V. Emanuele, 25

Eine Konditorei mit Café, die sowohl von der Einrichtung als auch von der Atmosphäre her an die Zeit um die Jahrhundertwende erinnert: köstliche Marron Glacé, Feingebäck und süße Trüffeln.

La Casa del Torrone Io,
Tu e i Dolci
Piazza Savona, 12

Der grillenhafte und äußerst aktive Beppe Scavino erfindet unaufhörlich neue Spezialitäten und erneuert die traditionellen Süßigkeiten auf raffinierte Weise. Den Torrone al Cioccolato sollten Sie unbedingt probieren.

Eingemachtes Obst
Mariangela Prunotto
Strada Osteria, 14

Das eingemachte Obst von Mariangela ist knackfrisch und duftet wunderbar. Probieren Sie die süß eingelegten Birnen Madernassa, die Aprikosen in Nebbiolo, Williamsbirnen in Brachetto oder Pfirsiche in Moscato. Gut sind auch die Konfitüren sowie Cognà, eine weitere Spezialität aus Alba: süßer Traubenmost wird mit Äpfeln, Birnen, Quitten, Hasel- und Walnüssen eingekocht.

Grappe
Distilleria Santa Teresa
Corso Canale, 105
Mussotto d'Alba
Tel. 3 31 44

Die Gebrüder Marolo destillieren seit 1977 Trester von den Rebsorten des Piemont: Heute haben sie 13 Grappe im Angebot, unter denen besonders die aus Arneis und Moscato herausragen. Besichtigung der Fabrik und Verkauf nach Voranmeldung.

Biologische Produkte
La Zuppa di Zucca
Via Coppa, 4

Weißes Brot und Vollkornbrot aus dem Holzofen, biologisches Obst und Gemüse, Marmeladen, 15 verschiedene Reissorten und eine hervorragende Käseauswahl von Ziegenkäse aus Seròle über den seltenen Bettelmat und Castelmagno bis zur Casciotta di Urbino.

Trüffeln
Mercato del Cortile della Maddalena
Via V. Emanuele

Von Oktober bis Dezember wird hier jeden Samstag der traditionelle Trüffelmarkt gehalten. Hier treffen sich Trüffelsucher und Händler. Das weiße Gold wird mit 100 000-Lire-Scheinen gehandelt, aber um nur zu probieren, muß man nicht so viel ausgeben. Im letzten Herbst lag der Preis für 100 Gramm zwischen 80 000 und 150 000 Lire, wobei manche Trüffeln auch einen Preis von 200 000 Lire erzielt haben. Dieses Jahr ist ein Prachtexemplar von einem Kilo und 400 Gramm für 3 Millionen versteigert worden.

Aldo Martino
Via V. Emanuele, 27

Bester Markt für Gemüse und Frühgemüse. In der Saison auch Trüffeln und Pilze.

Tartufi Ponzio
Via V. Emanuele, 26 d

Der älteste Trüffelhändler Albas. Die Trüffeln werden hier auch außerhalb der Saison konserviert angeboten. Ponzio führt außerdem frische Pasta wie Agnolotti al plìn und Tajarin (Schnittnudeln), sowie Murazzano, kleine DOC-Käse aus Schafs- und Kuhmilch.

Polleria tartufi Elio Ratti
Via Emanuele, 18 b

Weiße Trüffeln sowie gefüllte Keule vom Zicklein, Huhnrouladen mit Speck, Kaninchen mit Kräutern, Perlhuhn mit Pflaumen und andere Köstlichkeiten, die zu Hause nur noch in den Ofen geschoben werden müssen. Gute Auswahl lokaler Käse.

Gastronomia Petiti
Via Alberione, 3

Handgemachte, klassische Teigwaren aus den Langhe von Tajarin bis hin zu Agnolotti dal plìn, typische Antipasti aus dem Piemont (Vitello tonnato, Paprika in Sardellensauce, Insalata di Tuma) und jeden Tag ein warmes Hauptgericht.

Gastronomia Ugo
Via Alfieri, 4

Frische Teigwaren, Antipasti und Spezialitäten zum Mitnehmen und zum Verzehr an einem der wenigen Tische entlang der Theke. Ein idealer Ort für einen kleinen Imbiß oder um Spezialitäten aus den Langhe einzukaufen.

Wein und Spezialitäten
Enoteca Fracchia
Via Vernazza, 9

In der Nähe der Piazza del Duomo hat die Enoteca von Rita Fracchia in einem großen umgebauten Palazzo ihren

Sitz. Der Verkaufsraum befindet sich im Erdgeschoß, und im Keller ruhen bei der richtigen Temperatur die großen Jahrgänge, nicht nur aus Alba. Angemessene Preise und Freundlichkeit werden in diesem Geschäft groß geschrieben. Verkostung auf Anfrage.

Enoteca Terra Gentile
Via Cavour, 5a

Sehr viele Weine aus der Gegend, aber auch Sassicaia-Wein und manch andere bemerkenswerte Überraschung. Darüber hinaus werden einheimische Produkte verkauft.

Peccati di Gola
Via Cavour, 11

Das Geschäft, das eigentlich als Enoteca gedacht war, präsentiert sich mittlerweile als ein richtiger Lebensmittelmarkt: Trüffeln der Saison, heimische Salami und Käse. Unter letzteren der Caprino di Don Verri di Seròle, einem Dorf der Hohen Langhe, wo der Robiola DOC hergestellt wird. Hier finden Sie auch den Robiola aus den Langhe, einem engen Verwandten des Murazzano, der aus Schafs- und Kuhmilch, selten auch mit Ziegenmilch hergestellt wird.

Enolibreria I Sapori del Gusto
Via V. Emanuele, 23

Einen Ort zu schaffen, wo Geist und Gaumen in Beziehung zueinander treten – aus dieser guten Idee entstand unlängst diese einzigartige Wein-Buchhandlung, die erste ihrer Art in Italien. Hier findet man Gedrucktes in jeder Form, aber auch Pilze, Trüffel, Produkte der Gegend und eine schöne Auswahl an Weinen, die in einem historischen Keller gelagert.

Enoteca I Castelli
Viale Torino, 14/1

Integriert in einen höchst modernen Gebäudekomplex, liegt diese junge, vielversprechende Enothek in der Einkaufsgalerie neben dem gleichnamigen Hotel. Außer typischen Erzeugnissen der Langhe werden zahlreiche Weine, hauptsächlich aus dem Piemont, angeboten.

Burdese
Via Emanuele, 13

Giovanna Burdese bietet eine große Auswahl an Grappe aus dem Piemont, diverse Essigsorten und Weine. Außerdem Süßwaren aus der Cioccolateria Elisa in Arguella, Eingemachtes von Mariangela Prunotto in Alba, Honig von den Brüdern Bordone in Monteu Roero sowie Teigwaren aus Hirse von Antonio Trinchero in Ceresole.

Enoteca del Centro
Via Roma

Im neu entstandenen Centro commerciale finden Sie ein Spektrum der besten Weinerzeugnisse aus den Langhe.

Enoteca I Castelli
Corso Torino, 14, Eingang C

Die neueröffnete Weinhandlung in der Passage des gleichnamigen Gasthofs bietet typische Spezialitäten aus der Langhe sowie eine gute Auswahl an Weinen, insbesondere aus dem Piemont.

Grandi Vini
Via Vittorio Emanuele, 1a

Vor einigen Jahren eröffnete Luciano Maccario diese elegante, gepflegte Weinhandlung. Sie finden hier die besten Marken von Alba.

'I Crotin
Via Cuneo, 3

Der schöne Kellerladen liegt unweit der Via Maestra und der Piazza Savona. Er wird geführt von dem kompetenten Bruno Dellatorre und bietet eine gute Auswahl an Weinen aus Alba sowie eine bemerkenswerte Sammlung an Grappe.

Peccati di gola
Via Cavour, 11

Ursprünglich als Weinhandlung gegründet – im Kellergeschoß finden Sie eine gute Auswahl an Weinen aus Alba – präsentiert sich das Geschäft inzwischen als echter Feinkostladen: Trüffeln (saisonal), kleine Salami, Mehl aus der Steinmühle, heimische Torone und Käse, darunter Ziegenkäse von Don Verri aus Seròle (ein kleines Dorf in den Hochlanghe), Escarun und Crutin di Occelli aus Farigliano sowie Robiola aus den Langhe. Auch sonntags geöffnet.

Kaffee und Aperitif
Caffè Calissano
Piazza Duomo, 3

Das Ende des 19. Jahrhunderts gegründete Café trägt den Namen dieser berühmten Familie aus Alba, die einen hoch angesehenen Weinbaubetrieb besaß. Heute erstrahlen nach der umfassenden Renovierung die vergoldeten Stuckarbeiten des Salons, die antiken Spiegel und die Messingtheke in neuem Glanz. Hervorragend die Aperitifs sowie ein gutes Angebot an Weißweinen und Spumanti zum Probieren.

Caffè Rossetti
Piazza Rossetti, 4

Vor allem im Sommer genießt man hier im Freien, im Schatten des Domes, köstliche Eiscremesorten.

Caffè Vergnano
Via Cavour, 11
Ecke Via Macrino

Kaffeerösterei und Verkauf des gleichnamigen Kaffees. Bei Vergnano trinkt man das beste Täßchen in ganz Alba. Nur im Stehen.

Bar Brasilera
Via Roma, 2

In dieser kleinen Bar ganz in der Nähe der Piazza Savona (zwei Schritte von der Via Maestra entfernt) herrscht vor allem vor dem Mittag- und Abendessen ein lebhaftes Treiben: Gio, der Besitzer, versteht es, seine Kundschaft mit Sympathie und Herzlichkeit zu unterhalten.

Il Gelatiere
Corso Fratelli Bandiera, 13

Hier hat man die Qual der Wahl: 40 Geschmacksrichtungen, alle absolut frisch und mit besten Rohstoffen zubereitet. Bei den Milcheissorten sollten Sie unbedingt Nocciola probieren. Ungewöhnlich auch die aus frischem Obst zubereiteten Sorten wie Apfelkuchen. Nur zum Mitnehmen.

Bar Roma
Via Alberione, 3b

Das Sahneeis aus der Bar Roma ist legendär, aber versuchen Sie auch Nocciola, Cassata, Schokolade und die Fruchteissorten. Im Sommer gibt es hervorragende Eisbecher mit frischem Obst.

Bar Savona
Via Roma, 2

Die Bar war Treffpunkt von Literaten und Philosophen und Zeuge endloser, heftiger Diskussionen über Themen aus Politik, Literatur, Religion und Sport.

Caffè Tiffany
Corso Langhe, 76

»Bacio bianco« ist die Spezialität des Hauses, in dem man noch selbstgemachtes, mit viel Sorgfalt und besten Zutaten zubereitetes Eis bekommt.

WEINKELLEREIEN

Fratelli Ceretto
Ortsteil San Cassiano, 34
Tenuta la Bernardina
Tel. 28 25 82

Einer der Betriebe im Sog des neuen Weinbaus in den Langhe. Große Investitionen, ein sorgfältiges Image und qualitätvolle Weine sollen weltweit den Markt erobern. Man bietet die gesamte Bandbreite der regionalen Weine, angeführt vom Barolo und dem populären Weißwein Blangé sowie den neuen Weinen aus dem schönen Landgut Bernardina, wo man französische Rebsorten anpflanzte.

Fratelli Rivetti
Ortsteil Rivoli, 27b
Tel. 3 41 81

Eine gute Adresse für die klassischen Weine aus Alba. Besonders erwähnenswert ist der Dolcetto Vigneto del Mandorlo.

Pio Cesare
Via Balbo, 6
Tel. 44 03 86

Dieser Name ist fest mit der Geschichte des Barolo verbunden. Hier werden Barolo und Barbaresco und darüber hinaus

moderne Weine wie Piodelei und der im Barrique gereifte Chardonnay hergestellt.

Prunotto
Località San Cassiano, 4 g
Tel. 28 00 17

Eine weitere traditionsreiche Weinkellerei der Langhe. Heute befindet sie sich im Besitz der Marchesi Antinori. An der Produktionsphilosophie, die in Qualität und Tradition verankert ist, hat sich nichts geändert. Seit neuestem besitzt die Kellerei Weinberge im Monteferrato, auf denen Barbera angebaut wird.

Francesco Rinaldi e Figli
Via Umberto Sacco, 4
Tel. 44 04 84

Nochmals ein Name, der zur Geschichte des Barolo gehört und mit einer Weinproduktion von hoher Qualität zu äußerst interessanten Preisen für Qualität und Traditionstreue bürgt.

Mauro Sebaste
Via Garibaldi, 222
Frazione Gallo
Tel. 26 21 48

Mauro Sebaste hat vor kurzem die Leitung des Betriebs seines Schwagers übernommen. Er produziert, zum Teil aus Trauben eigener Weinberge, zum Teil aus gekauften, die klassischen Weine der Langhe.

BARBARESCO

Vorwahl: 0173

ÜBERNACHTEN

Vecchio Tre Stelle
Ortsteil Tre Stelle
Via Rio Sordo, 13
Tel. 63 81 92
3 Sterne
8 Doppelzimmer und
1 Einzelzimmer, alle mit
Bad, Minibar, Telefon, TV
Restaurant, Bar, Parkplatz
Preise: Einzelzimmer 90 000,
Doppelzimmer 130 000 Lire,
inklusive Frühstück
Alle Kreditkarten

Das einfache, gemütliche Hotel eignet sich gut als Ausgangspunkt, um die Region des Barbaresco zu erkunden.

Cascina delle rose
Azienda agrituristica
Ortsteil Tre Stelle
Via Rio Sordo, 17
Tel. 63 82 92 und 63 83 22
3 Doppelzimmer mit Bad
und Telefon
Garten, Parkplatz
Preise: 140 000 Lire
inklusive Frühstück

Komfortable, geräumige Zimmer in zauberhafter Umgebung. Ein Restaurantbetrieb ist nicht vorgesehen, aber es besteht die Möglichkeit, in einem großzügigen Aufenthaltsraum mit Kochnische selbst zu kochen. Der Hof bietet auch frisches Obst und Gemüse sowie Wein aus eigenem Anbau.

ESSEN

Antica Torre *
Via Torino, 8
Tel. 63 51 70
Sonntagabends und montags
geschlossen
Betriebsferien: 3 Wochen im
August
Plätze: 90
Preise: 45 000–50 000 Lire,
ohne Wein
Keine Kreditkarten

*Bei Familie Albarello erwartet
Sie eine meisterhaft zubereitete,
traditionelle Piemonteser Küche. Den Anfang machen ein
wunderbar zartes Vitello tonnato mit einer leichten,
schmackhaften Sauce, mit dem
Messer zerkleinertes Carne
cruda (Tatar), süß-sauer ange-
machter Schweinskopf, Insalata Russa und Peperoni al
forno oder mit Bagna caoda
(Sardellensauce). Danach sollten Sie unbedingt die wunder-
baren Tajarin probieren. Die
Hauptgerichte variieren je nach
Saison. Es gibt Kaninchen in
Wildsauce, gebratenes Perlhuhn, im Winter Frisse und
Batsoà (gebackene Schweins-
füße). Bei den Desserts finden
Sie durchweg Klassiker wie
Bonet (Schokopudding) oder
Panna cotta. Die Weinkarte
bietet eine große und gute Auswahl erlesener Tropfen, darunter fast die gesamte Palette an
Barbaresco-Weinen.*

Rabajà
Via Rabajà, 9
Tel. 63 52 23
Donnerstags geschlossen
Betriebsferien: Februar und
August
Plätze: 60
Preise: 55 000 Lire, ohne
Wein
Alle Kreditkarten

*Das Ambiente ist rustikal, aber
gepflegt. Die Köchin, Ester
Grasso, bietet eine verfeinerte,
traditionelle Küche, die sich an*
*der Jahreszeit orientiert. An
Antipasti finden Sie gefüllte
Paprikaschoten und Salat von
Kaninchen und Pilzen. Da-
nach gibt es klassische Tajarin,
grüne Ravioli in Butter und
Salbei, im Sommer Risotto mit
Zucchiniblüten. Als Haupt-
gang hervorragendes, in Barbaresco geschmortes Kaninchen.
Ehemann Carlo ist für den
Wein zuständig: 300 Weine,
größtenteils aus den Langhe
und dem Roero, finden sich auf
seiner Karte und natürlich eine
gute Auswahl an Barbaresco.*

EINKAUFEN

Grappe
Distilleria del Barbaresco
Via Bricco Albano, 3
Tel. 63 52 17

*Auf Wunsch der Winzer von
Barbaresco und Umgebung
Ende der 70er Jahre gegründet,
hat sich diese Destilleria aufgrund der unbestrittenen Qualität ihrer Erzeugnisse durchge-
setzt. Aus dem Destillierkolben
dieses Betriebs kommen die
Grappe aus einigen der bekanntesten Kellereien von Barbaresco, angefangen bei Gaja
und den Marchesi de Gresy
über die Genossenschaftskellerei bis hin zu I Paglieri.*

Wein
**Enoteca Regionale del
Barbaresco**
Via Torino, 8
Tel. 63 52 51
Mittwochs geschlossen
Öffnungszeiten: 9.30–13.00;
14.30–18.00 Uhr
Betriebsferien: Januar,
10 Tage im Juli

*Die kleine, ehemalige Kirche
San Donato aus dem 19. Jahrhundert bildet den Rahmen für
die Enoteca Regionale del Barbaresco. Mit über 120 Weinen
von 80 Betrieben, was ca. 90%*
*der gesamten Produktion von
Barbaresco entspricht, ist dieses
Kontor ein wichtiges Schaufen-
ster für den regionalen Weinbau. Die Enoteca wurde am
5. Juli 1986 eingeweiht und ist
in vier Zonen unterteilt: im
Mittelschiff unterrichten Tabel-
len, Fotografien und Doku-
mente über die Geschichte des
Barbaresco und die einzelnen
Phasen seiner Herstellung vom
Weinberg bis in die Kellerei. Im
rechten Teil sind ebenerdig die
Flaschen und im 1. Stock das
Sekretariat untergebracht. Im
linken Teil hat man die Möglichkeit, an einem Probier-
stand die Weine verschiedener
Hersteller, Jahrgänge und Lagen zu kosten und zu vergle-
ichen, weitere Informationen zu
erfragen und Wein zu kaufen.*

WEINKELLEREIEN

Cascina Morassino
Via Ovello, 32
Tel. 63 51 49

*Barbaresco, Dolcetto und Bar-
bera, die klassischen Weine der
Langhe, werden in dieser Kellerei hergestellt, die von dem
Önologen Roberto Bianco unter Mithilfe der Familie geführt wird.*

Carlo Boffa
Via Torino, 17
Tel. 63 51 74

*Ein klassischer, kleiner Winzer-
betrieb in den Langhe unter
Leitung der Familie Boffa. Der
Barbaresco ist das Aushänge-
schild der Kellerei, gefolgt von
Dolcetto d'Alba und Nebbiolo
Langhe.*

La Ca' Nova
Via Ovello, 1
Tel. 63 51 23

*Aus der Hanglage Montefico
gewinnen die drei Brüder den
gleichnamigen Barbaresco so-*

wie einen Bric Mentina, beides ausgezeichnete Weine. Der Betrieb, der auch einen Dolcetto d' Alba herstellt, hat seinen ländlichen Charakter beibehalten.

Ca' Romé
Via Rabajà, 36
Tel. 63 51 75 und 63 51 26

Die Kellerei von Romano Marengo produziert interessante Weine wie den Barbaresco Maria di Brun und den Barolo Rapet aus den Weinlagen in Serralunga. Nicht zu vergessen auch der Barolo Vigna Rionda und der Dessertwein Da Pruvé, was soviel wie »muß man probieren« bedeutet.

Tenute Cisa Asinari
Via Rabajà, 43
Tel. 63 52 21 und 63 52 22

In einem phantastischen Amphitheater aus Weinbergen gewinnt Alberto De Gresy die Trauben für die Herstellung seiner Barbaresco-Weine Gaiun, Camp Gros und Martinega. Darüber hinaus hat der Betrieb, mit Hilfe des Önologen Enrico Bartolucci, seine Produktpalette durch den Anbau von fünf Hektar Sauvignon, Chardonnay, Barbera und Cabernet erweitert. Der Dolcetto hingegen kommt aus dem in der Gemeinde Treiso gelegenen Gut.

Giuseppe Cortese
Ortsteil Rabajà, 35
Tel. 63 51 31

Die kleine, aber vielversprechende Kellerei von Giuseppe Cortese und Sohn Piercarlo produziert aus ihren fünf Hektar Weinbergen in der Region Rabajà einen ordentlichen Barbaresco sowie Dolcetto und Barbera d' Alba.

Gaja
Via Torino, 36
Tel. 63 51 58

Die hervorragende Qualität der Weine von Angelo Gaja ist weltweit bekannt. An oberster Stelle rangieren die Spitzenlagen Barbareschi San Lorenzo, Sorì Tildin und Costa Russa, aber auch die Chardonnay stehen dem in nichts nach. Selbstverständlich hat man noch weitere »Rassepferde« im Stall, wie etwa den Darmagi und den Barolo Sperss, der mit seiner beeindruckenden Fülle an Aromen Neuerer und Traditionalisten gleichermaßen überzeugte. Dem Barolo di Serralunga wurde in den letzten Jahren der Cerequio di La Morra zur Seite gestellt. Die Kellerei kann man nur nach frühzeitiger, vorheriger Anmeldung besichtigen. Es gibt keinen Direktverkauf.

Carlo Giacosa
Via Ovello, 8
Tel. 63 51 16

Carlo Giacosa führt den kleinen Betrieb unter Mithilfe seines jungen Schwiegersohns. Er produziert die gesamte Palette der regionalen Weine und bietet sie zu einem fairen Preis-Leistungs-Verhältnis an.

I Paglieri
Via Rabajà, 8
Tel. 63 51 09

Alfredo Roagna ist nicht nur für seinen hochwertigen Barbaresco bekannt, sondern auch für den Opera Prima, einen hervorragenden Verschnitt von Nebbioli verschiedener Jahrgänge. Außerdem bietet er noch Cabernet, Chardonnay und Barolo aus den Cru-Lagen La Rocca und La Pira di Castiglione Falletto.

Cascina Luisin
Ortsteil Rabajà, 23
Tel. 63 51 54

Roberto Minuto hat inzwischen die Führung des Betriebs übernommen und tritt mit Überzeugung und Sachverstand in die Fußstapfen seines Vaters. Die Qualität der Weine verbessert sich laufend: Barbaresco, vor allem aus der Einzellage Rabajà, Barbera und Dolcetto.

Moccagatta
Via Rabajà, 24
Tel. 63 51 52 und 63 52 28

Die Brüder Franco und Sergio Minuto bauen in der Region Rabajà Nebbiolo, Dolcetto, Barbera und Chardonnay an. Aushängeschilder der Kellerei sind die Barbaresco-Weine Bric Balin und Vigneto Cole sowie

der aus Neive kommende Basarin. Auch der Dolcetto d'Alba und der Barbera d'Alba überzeugen, gefolgt von einem teilweise im Barrique ausgebauten Chardonnay.

Walter Musso
Via Domizio Cavazza, 5
Tel. 63 51 29

Der von dem jungen Walter geführte Betrieb besitzt fünf Hektar Weinberge, darunter auch in zwei der besten Cru-Lagen der Region, Pora und Rio Sordo, die auf den Etiketten der beiden Barbaresco-Weine abgebildet sind. Außerdem verarbeitet Walter Chardonnay, Freisa und Dolcetto.

Produttori del Barbaresco
Via Torino, 52
Tel. 63 51 39 und 63 51 19

Die geschichtsträchtige Kellerei, die von Duccio Vacca unter Mitarbeit des Önologen Giovanni Testa geführt wird, verarbeitet die Traubenernte von über sechzig Genossenschaftsbetrieben und erzeugt einfachen Barbaresco, Barbaresco aus Cru-Lagen (Asili, Rabajà, Rio Sordo, Pajé …) und Nebbiolo in guter Qualität zu einem hervorragenden Preis-Leistungs-Verhältnis.

Albino Rocca
Via Rabajà, 15
Tel. 63 51 45

Der Betrieb, der seit einigen Jahren zu den Spitzenerzeugern in den Langhe gehört, produziert neben zwei Versionen von Barbaresco – den klassischen, traditionell verarbeiteten Loreto und den im Barrique gereiften Vigneto Brich Ronch – die gesamte Palette der regionalen Weine: Nebbiolo, Dolcetto, Vignalunga, Barbera Gepin. Dazu kommt der aus süßen Trauben gekelterte Weißwein La Rocca.

Bruno Rocca
Via Rabajà, 29
Tel. 63 51 12

Der Barbaresca Rabajà von Bruno Rocca ist für die Liebhaber dieser Sorte eine Art Kultwein. Der Ausnahmewein bestätigt einmal mehr, wie wichtig Lage des Weinbergs und Verarbeitungstechnik sind. Daneben produziert man Dolcetto d'Alba Vigna Trifolé, Nebbiolo Langhe, Barbera und Chardonnay.

I Rondi
Via Rabajà, 14
Tel. 63 51 56

Ein weiterer Betrieb, der aus dem Besitz der großen Rocca-Familie hervorgegangen ist. Gute klassische Weine aus den Langhe, insbesondere der Barbaresco aus der hauseigenen Cru-Lage.

La Spinona
Via Secondine, 22
Tel. 63 51 69

La Spinone gehört ebenso wie Ghiga und Albina zu den von Pietro Berruti geführten Höfen, die zusammen ca. 25 Hektar Weinberge besitzen. Die Weine sind traditionell, Barbaresco und Chardonnay sind die Aushängeschilder, dazu kommt ein Dolcetto d'Alba.

Rino Varaldo
Via Secondine, 2
Tel. 63 51 60

Seit Rino und sein Bruder Michele das Regiment übernommen haben, hat der Betrieb nach und nach den Verkauf offener Weine eingestellt und sich mit dem 93er Jahrgang endgültig auf das Abenteuer mit Flaschenweinen eingelassen. Heute verdienen, neben den diversen Barbaresco, auch der Dolcetto und der Freisa besonderes Lob.

BAROLO

Vorwahl: 0173

ÜBERNACHTEN

Hotel Barolo
Via Lomondo, 2
Tel. 5 63 54
3 Sterne
31 Doppelzimmer mit Bad,
einige mit Hydromassage
Bar, Restaurant, Parkplatz
Preise: Einzelzimmer
90 000 Lire, Doppelzimmer
130 000 Lire
Kreditkarte: die gängigsten

Das Hotel befindet sich gleich vor der Stadt, mitten in den Weinbergen. Die Lage ist sehr ruhig und bietet einen schönen Ausblick auf Barolo und die umliegenden Weinhügel. Die Einrichtung stammt vom Ende des 19. Jahrhunderts, ist einfach und besitzt eine rustikale Note. Auf der Eingangstür befindet sich eine Kupfermedaille mit dem Namen eines historischen Barolo Cru. Freundlichkeit und Professionalität sind seit jeher Markenzeichen der Familie Brezza.

Albergo del Buon Padre
Frazione Vergne
Via delle Viole, 30
Tel. 5 61 92 und 5 63 29
2 Sterne
9 Zimmer
Preise: Einzelzimmer
55 000 Lire, Doppelzimmer
85 000 Lire
Keine Kreditkarten

In dem Ortsteil Vergne, nicht weit vom Zentrum Barolos entfernt, befindet sich dieses ländliche Hotel.

ESSEN

Brezza*
Via Lomondo, 2
Tel. 5 61 91
Dienstags geschlossen
Betriebsferien: 15 Tage im
Februar
Plätze: 150
Preise: 50 000–60 000 Lire,
ohne Wein
Kreditkarten: die gängigsten

Die Küche von Mariuccia Brezza ist bekannt und geschätzt, seit die Familie das gleichnamige Lokal im Zentrum des Ortes führt. Zu ihren Nudelgerichten gehören die Tajarin und Agnolotti al plìn, bei den Fleischgerichten, vom Schmorbraten bis zum Wildbret, trägt alles das Merkmal der Unverfälschtheit. Die Zutaten sind ausgesucht und mit sicherer Hand zubereitet. An den Tischen unterhält der allgegenwärtige Oreste Brezza gerne die Gäste, während Mutter Carla und Tochter Tiziana mit Sorgfalt und Liebenswürdigkeit servieren. Die Einrichtung ist einfach und von gutem Geschmack. Im Sommer kann man auch im Freien auf einer schönen Terrasse speisen. Große Auswahl heimischer Weine.

Locanda nel Borgo Antico**
Piazza del Municipio, 2
Tel. 5 63 55
Mittwochs und donnerstagmittags geschlossen
Betriebsferien: Januar, Juli und August
Plätze: 40
Preise: 60 000 Lire, ohne Wein
Kreditkarten: die gängigsten

Mitten im alten Teil von Barolo befindet sich dieses kleine und anmutige Ristorante, dessen Räume ein wenig karg, aber mit Geschmack eingerichtet sind. Massimo Camia hat sich der regionalen Küche ver-schrieben und steht gleichzeitig für glückliche Neukreationen wie die Gnochetti al Castelmagno, Kaninchenmedaillons und das Sottofiletto al Nebbiolo. Seine Frau Luciana unterstützt ihn in der Führung der Locanda. Die Weinkarte bietet eine gute, reiche Auswahl. Den Baroloweinen ist eine eigene selbständige Karte gewidmet. Degustationsmenü für 45 000 und 60 000 Lire.

La Cantinella
Via Acquagelata, 4a
Tel. 5 62 67
Montagabends und dienstags geschlossen, außer im Herbst
Betriebsferien: August
Plätze: 40
Preise: 40 000–45 000 Lire, ohne Wein
Alle Kreditkarten

Unverputzte Ziegelmauern und familiäre Atmosphäre. In diesem Weinkeller bekommen Sie die authentische Küche der Langhe: Vitello tonnato, Insalata russa, Tajarin, Agnolotti al plìn, Kaninchen mit Paprikagemüse. Qualitätvolle Auswahl an lokalen Weinen.

I Cannubi
Circolo Arci
Via Alba, 20
Donnerstags geschlossen
Betriebsferien: 15. Januar bis 15. Februar
Plätze: 50 und 30 im Freien
Preise: 35 000 Lire, ohne Wein
Kreditkarten: die gängigsten

Die junge, freundliche Osteria (lassen Sie sich nicht von dem wenig einladenden Äußeren entmutigen) bietet eine traditionelle, keineswegs alltägliche Küche, mit wirklich gelungenen Gerichten. Probieren Sie mit dem Messer geklopftes Carne cruda, Tajarin und Agnolotti al plìn und süß-sauer angemachtes Huhn. Zum Abschluß gibt es heimische Käsesorten und klassische Desserts wie Bonet, Panna cotta und Nußkuchen. Im Sommer veranstalten die jungen Inhaber Konzerte und Theateraufführungen.

EINKAUFEN

Cacciatorini al Barolo
Macelleria-Salumeria Franco Sandrone
Via Roma, 41

Die Metzgerei hat mit Franco Sandrone den Inhaber gewechselt, behielt aber den hohen Qualitätsstandard bei. Probieren Sie außer der Salami auch die Cacciatorini und die Würste aus Schwein oder Schwein-/ Kalb. Darüber hinaus finden Sie hier im Piemont gezogenes Kalbfleisch und Geflügel aus der Umgebung.

Handgerollte Grissini, Gebäck
Panetteria Cravero
Via Roma
Piazzetta del Castello

Gugliemo Cravero rollt die Grissini mit Geschicklichkeit per Hand und backt sie im Holzofen. Sie sind knusprig und fettfrei. Es duftet nach Brot und den Paste di Meliga, die nach dem alten barolischen Rezept von seiner Schwester Daniela hergestellt werden. Sie haben die Form von Kringeln und duften nach Zitrone. Sie passen gut zum Tee, zur Zabaione, oder man stippt sie in Moscato oder roten Jahrgangswein. Der Teig ist eine ausgewogene Mischung aus Weizen- und Maismehl, die hier meliga genannt wird. Empfehlenswert ist auch die Haselnußtorte. Bei den Lebensmitteln finden Sie auch andere typische Produkte der Langhe sowie Käse aus Cuneo.

Wein

Enoteca Regionale del Barolo
Piazza Falletti
Tel. 5 62 77
Öffnungszeiten: 10.00–12.30;
15.00–18.30 Uhr
Donnerstags geschlossen
Betriebsferien: Januar

In den gräflichen Kellern, dort wo die Marchesa Giulia den ersten Barolo taufte, präsentiert die Enoteca del Barolo die größte Auswahl an Etiketten und Jahrgängen des Barolo-Produktionsgebiets.

Enoteca Il Bacco
Via Roma, 87
Tel. 5 62 33
Mittwochs geschlossen

Neben der »Cantinella« und der »Panetteria« betreibt die Familie Cravero auch diese neue, schöne Enothek. Hier werden Weine, Grappe und typische gastronomische Erzeugnisse aus der Gegend angeboten.

WEINKELLEREIEN

Fratelli Barale
Via Roma, 6
Tel. 5 61 27

Die ganze Auswahl der Rotweine der Langhe wird hier hergestellt, wobei sowohl die Tradition als auch notwendige Erneuerungen im Auge behalten werden. Crus von Barolo, Barbaresco und Dolcetto, zu dem sich seit kurzem auch ein guter Weißer aus Chardonnay- und Pinottrauben gesellt hat.

Enrico Bergadano
Via Alba, 26
Tel. 5 61 77

Ein kleines Familienunternehmen unter der Leitung des Vaters Enrico und des Sohnes Pier Carlo. Es wird Barolo von La Mandorla sowie Dolcetto aus

der Bussia von Monforte produziert.

Giacomo Borgogno e Figli
Via Gioberti, 1
Tel. 5 61 08 und 5 63 34

Dolcetto, Barbera, Nebbiolo, Barolo, Barbaresco: Die Kellerei Borgogno, die zu den historischen Namen in der Weinszene Albas gehört, bleibt ihrer im letzten Jahrhundert begonnenen Linie treu. Das große Lager alter Barolo-Jahrgänge ist nahezu einzigartig.

Giacomo Brezza e Figli
Via Lomondo, 4
Tel. 5 61 91 und 5 63 54

Die Familie Brezza, die auch das gleichnamige Restaurant mit Hotel besitzt, stellt schon immer Wein aus den Trauben der eigenen Weinberge her. Barolo, Dolcetto, Barbera aus wertvollen Lagen. Der Barbera ist ihr Bravourstück.

Bartolo Mascarello
Via Roma, 15
Tel. 5 61 25

Bartolo Mascarello ist vielleicht einer der letzten noch tätigen großen Barolo-Hersteller. Im Weinkeller stehen ihm seine Frau, seine Tochter und der Weintechniker Alessandro Fantino zur Seite. Er produziert gemäß der klassischen Technik aus Trauben verschiedener Weinberge und irrt sich bei keinem Barolo-Jahrgang. Weitere traditionelle Erzeugnisse des Hauses: Dolcetto, Freisa, Nebbiolata und Grignolino.

Marchesi di Barolo
Via Alba, 12
Tel. 5 61 01

Was Größe und Tradition anbelangt, eine imposante Weinkellerei, die fast alle piemontesischen Weine abfüllt und nie die Qualität außer acht gelas-

sen hat. Vor kurzem hat sie eine Serie von Barolo-Crus auf den Markt gebracht, die aus Trauben der eigenen Weinberge hergestellt wird.

Tenuta La Volta
Località Tenuta La Volta, 13
Tel. 5 61 68

Barolo, Barbera und Dolcetto, die Aufmerksamkeit verdienen, dabei günstiges Preis-Leistungs-Verhältnis. Hervorragend der Barolo Riserva aus eigenem Besitz.

Pira
Via Vittorio Veneto, 1
Tel. 5 62 47

Chiara Boschis hat einen untypischen Werdegang hinter sich. Nach der Promotion in Betriebswirtschaft hat sie ihre zweieinhalb Hektar im Herzen der Cannubi wieder fruchtbar gemacht und den kleinen Weinkeller reaktiviert. Sie produziert einen gehaltvollen Barolo.

Giuseppe Rinaldi
Via Monforte, 3
Tel. 5 61 56

Der Betrieb stellt seinen Barolo nur aus Trauben der eigenen Weinberge mit den klassischen Techniken her. Der Wein reift lange, bis er in den Handel kommt. Barbera und Dolcetto vervollständigen das Angebot.

Luciano Sandrone
Via Alba 57
Tel. 5 62 39

Der kleine Weinkeller von Luciano und Luca Sandrone hat für seinen Barolo Cannubi Boschis eine treue Anhängerschaft. Daneben gibt es einen hervorragenden Dolcetto und einen angenehmen Nebbiolo d'Alba aus einem Weinberg von Roero (Valmaggiore) und einen Barbera d'Alba mit Charakter.

Giorgio Scarzello e Figli
Via Alba, 29
Tel. 5 61 70

*Eine weitere kleine, aufstre-
bende Weinkellerei. Sie verfügt
nur über wenige Hektar Weinberg, aber über die richtige
Philosophie, um Qualitäts-
weine herzustellen. Dolcetto
und Barolo von großer Klasse.*

Sebaste
San Pietro delle Viole
Tel. 5 62 66

*Die neue, dynamische Eigentü-
merin hat frischen Wind in den
Betrieb gebracht, der schon immer für Freisa und natürlich
den Barolo bekannt war.*

Aldo Vajra
Via delle Viole, 25
Tel. 5 62 57

*Eine Produktion, die von der
ganzen Vielfalt der Langhe etwas zu bieten hat, immer auf
höchstem qualitativen Niveau.
Ca. 20 Hektar Weinberg und
eine moderne Technologie ergeben Barolo, Barbera, Freisa
und Dolcetto, auf die man sich
verlassen kann.*

Bric Cenciurio
Via Roma, 24
Tel. 5 63 17

*Obwohl in Barolo gelegen, er-
zeugt dieser junge Betrieb im
Moment noch die klassischen
Weine aus dem Roero. Alessandro und Alberto haben das
Gut mit Grund zwischen Ca-
stellinaldo und Magliano Alfieri vom Vater geerbt. Arneis,
Birbit und Barbera sind das
Ergebnis ihrer ersten Lese. In
Zukunft wollen Sie sich auch
den Weinen der Langhe widmen.*

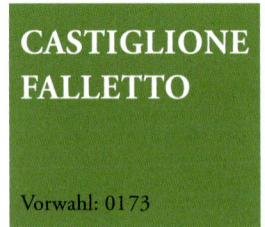

CASTIGLIONE FALLETTO

Vorwahl: 0173

ÜBERNACHTEN

Albergo Residence Le Torri
Via Roma, 29
Tel. 6 29 61
Apartments mit ein oder
zwei Schlafzimmern, Wohn-
zimmer und Bad, mit und
ohne Küche
Parkplatz vor dem Haus oder
Privatgarage
Preise: Apartment ca.
800 000 Lire pro Woche,
Doppelzimmer 130 000 Lire
pro Nacht, Apartment
150 000 Lire pro Nacht
Kreditkarten: die gängigsten

*Le Torri befindet sich in einem
antiken Palazzo im Zentrum
des Ortes. Das Residence bietet
8 Apartments, vier mit 2 Schlafzimmern und 1 Wohnzimmer,
die übrigen mit 1 Schlafzim-
mer, Wohnzimmer und Küche.
Im Albergo stehen 8 Doppelzimmer zur Verfügung.*

ESSEN

Le Torri
Piazza Vittorio Veneto, 10
Tel. 6 29 30
Mittwochs geschlossen
Betriebsferien: zwei Wochen
im August
Plätze: 100
Preise: 45 000–50 000 Lire,
ohne Wein
Kreditkarten: die gängigsten

*In diesen Räumen soll Ferdi-
nando Vignolo Lutati, einer der
Väter des Barolo, die erste Karte der Weinberge von Castiglio-*

*ne gezeichnet haben. Heute be-
kommt man hier beste Tradi-
tionsgerichte aus den Langhe
von den Brüdern Vioglio mit
Sorgfalt zubereitet. Schöne Terrasse mit Blick über die Langhe.*

WEINKELLEREIEN

Azelia
Strada Alba-Barolo, 27
Tel. 6 28 59

*Diese Weinkellerei präsentiert
Dolcetto und Barolo von verschiedenen Lagen. Folglich gibt
es den Dolcetto Bricco dell'
Oriolo, die Baroli Bricco Fiasco
und die besten Jahrgänge von
Bricco Punta.*

Cascina Bongiovanni
Via Alba-Barolo, 4
Tel. 26 21 84

*Der junge Davide Mozzone
hat die Leitung der Kellerei
übernommen und, unterstützt
von Vater und Tante, mit dem
96er Dolcetto sowie dem 93er
Barolo seine ersten Weine auf
den Markt gebracht. Die hohe
Qualität seiner Erstlinge läßt
für die Zukunft des Betriebs
hoffen.*

Fratelli Brovia
Strada Alba-Barolo, 28
Tel. 6 28 52 und 6 29 34

*Eine Fläche von ca. 10 Hektar
Weinberg ergibt eine jährliche
Produktion von ca. 40 000 Flaschen Wein. Barolo Monprivato, Garblèt Suè und Rocche
dei Brovia, Dolcetto Ciabot
del Re in einer relativ guten,
manchmal hohen Qualität.*

Fratelli Cavallotto
Località Bricco Boschis, 40
Tel. 6 28 14

*Eine Familie, die wie andere
von der Leidenschaft zum
Weinbau gepackt ist, die mit
natürlichen Methoden arbeitet,
um klassische, strukturreiche*

und langlebige Weine zu produzieren. Barolo, Barbera und Dolcetto, aber auch weiße wie Chardonnay und Pinot.

Giuseppe Mascarello e Figlio
Strada del Grosso, 1
Via Borgonuovo, 108,
Monchiero (Kellerei)
Tel. 79 21 26

Eine historische Kellerei im Anbaugebiet des Barolo, mit Betriebssitz in Monchiero und Weinbergen in Monprivato, einer der besten Cru-Lagen von Castiglione. Barolo, Dolcetto und Barbera sind Selbstabfüllungen.

Monchiero Fratelli
Strada Alba-Monforte, 58
Tel. 6 28 20

Die Familie Monchiero führt seit gut dreißig Jahren diesen Betrieb, der sich durch seine Rotweine hervorhebt, die von guter Machart sind und ein günstiges Preis-Leistungs-Verhältnis haben. (Barolo und Dolcetto)

Gigi Rosso
Strada Alba-Barolo, 20
Tel. 26 23 69

Gigi Rosso, der seit jeher mit der Bewertung der albesischen Weine beschäftigt ist, besitzt eine der berühmtesten Kellereien des Gebiets, wo die gesamte Spanne der Langhe-Weine produziert wird. Besonderes Interesse gilt dem Dolcetto di Diano d'Alba. Der Barolo kommt von Arione di Serralunga. Empfehlenswert ist vor allem der Riserva Sorì dell' Ulivo. Gutes Preis-Leistungs-Verhältnis.

Paolo Scavino
Strada Alba-Barolo, 59
Tel. 6 28 50

Enrico Scavino ist einer der Winzer der Langhe, dem es in den letzten Jahren am besten gelungen ist, sich positiv hervorzuheben. Er hat eine Reihe großer Weine produziert: Barolo Cannubi und Bric del Fiasc, Dolcetto und einen außergewöhnlichen Barbera.

Cantina Terre del Barolo
Strada Alba–Barolo, 5
Tel. 26 20 53

Diese Kooperative, die 1958 gegründet wurde, hat heute mehr als fünfhundert Teilhaber und Hunderte von Hektar Wein. Das Niveau der Produkte ist gleichbleibend ansehnlich, mit guten Ergebnissen bei Dolcetto, Barbera und Barolo (Tafeln weisen auf die Ursprungsweinberge hin). Die Preise sind immer sehr zurückhaltend.

Vietti
Piazza Vittorio Veneto, 5
Tel. 6 28 25

Der Betrieb von Alfredo Currado ist eine feste Größe. Seine Baroli (Villero, Rocche, Bussia), die Dolcetti aus Alba und Diano, die Barbere (Scarrone, Pian Romualdo, Bussia) werden alle aus ausgewählten Trauben und mit größter Sorgfalt im Weinkeller hergestellt.

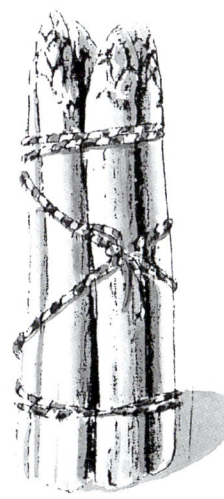

FÜHRUNGEN

Das Touristenbüro veranstaltet Führungen durch die Altstadt. Tel. 48 93 82

ÜBERNACHTEN

Hotel Napoleon
Via Aldo Moro, 1
Tel. 48 82 38
3 Sterne
21 Doppelzimmer (mit Fernsehen, Klimaanlage, Minibar), 1 Einzelzimmer, mit Bad und WC
Preise: Doppelzimmer 140 000 Lire, Einzelzimmer 90 000 Lire
Alle Kreditkarten

Dieses neugebaute Hotel befindet sich außerhalb der Altstadt an der Straße Richtung Narzole. Es verfügt über einen großen Parkplatz, Café und Restaurant (das Menü mit Schneckenspezialitäten kostet 50 000 Lire, ohne Wein).

ESSEN

Osteria della Rosa Rossa
Via San Pietro, 31
Tel. 48 81 33
Mittwochs und donnerstags
geschlossen
Betriebsferien:
Januar/Februar
Plätze: 40
Preise: 40 000 Lire, ohne
Wein
Kreditkarten: die gängigsten

*Die »rote Rose« rankt an der
Mauer und über der Eingangstür, die in einem schmalen
Gäßchen der Altstadt liegt. Die
Einrichtung ist einfach und
gemütlich, die Küche traditionell: gebratene Schnecken.
Gnocchi al Castelmagno, Kaninchen mit Paprika, Muskel-
fleisch in Barolo, gefüllte Pfirsiche aus dem Rohr. Bei den
Weinen besteht ein gutes Preis-
Leistungs-Verhältnis.*

La Lumaca
Via San Pietro
Ecke Via Cavour
Tel. 48 94 21
Montags und dienstags
Ruhetag
Betriebsferien:
unterschiedlich
Plätze: 45
Preise: 30 000–35 000 Lire,
ohne Wein
Kreditkarten: die gängigsten

*Hier können Sie einen kleinen
Imbiß einnehmen, bekommen
aber auch ein komplettes Abend-
essen: eine schöne Wurst- oder
Käseplatte, danach Risotto mit
Schnecken, Gemüsesuppe mit
Kutteln und Kichererbsen,
Lamm aus der Pfanne, Kanin-
chen mit Kräutern und dazu
eine Riesenauswahl an Weinen.*

EINKAUFEN

Baci di Cherasco

Pasticceria Barbero
Via V. Emanuele, 72

*Ort literarischer Erinnerungen
und Ziel leidenschaftlicher
Gourmets in Fin-de-siècle-
Ambiente. Nachdem die Schwestern Barbero die Rezepte und
die Einrichtung ihres Großvaters mit Argusaugen gehütet
haben, haben sie im Herbst
1997 die Pasticceria verkauft.
Doch Giancarlo Torta hat den
Geist und Stil des Lokals bewahrt und beerbt die Rezepte
des legendären Marco Barbero.
Die Baci di Cherasco (geröstete
Haselnüsse aus den Langhe,
überzogen mit einer hervorragenden Schokolade) sind einen Besuch und eine Kostprobe
wert, ebenso die Marron Glacé
natürlich und trockenes Gebäck.*

Pasticceria Ravera
Via Cavour, 15

*Walter Ravera hat bei den be-
sten Konditoren Italiens gelernt
und nun seine eigene Pasticceria eröffnet. Mit seinem hervorragenden Schokotorrone, den
Baci die Cherasco und den
trockenen oder gefüllten Ge-
bäckteilen übertrifft er nun
seine Lehrmeister.*

Chiocciole di Cherasco

Cherubino Germanetto
Via Genova, 7
Frazione Bricco
Tel. 49 55 35

*Cherasco ist einer der wichtig-
sten Orte Italiens, wenn es um
Schnecken geht. Jedes Jahr halten die Associazione Nazionale
Elicicoltori und das Centro
Nazionale di Elicicoltura Ausstellungen und Tagungen zur
Schneckenzucht sowie Schnek-
kenfeste ab.*

Schnecken

*Cherasco, »Italiens Hauptstadt
der Schnecken«: so steht es zumindest am Ortseingang. Erstaunlich, gibt es in der Region
doch keine Traditionen, die mit
Schnecken in Zusammenhang
stünden. Um zu verstehen, muß
man ins Jahr 1970 zurück-
blicken, als sich die Schneckenzucht noch mehr oder weniger
im Versuchsstadium befand.
Genau zu diesem Zeitpunkt
wurde die siegreiche Idee geboren, auf eine natürliche Ernäh-
rung im Freien zu setzen, alles
Künstliche aufzugeben und so,
bei zugleich niedrigeren Kosten, die Qualität des Muskel-
fleisches zu verbessern.
Die grundlegenden Etappen
fanden alle in Cherasco statt:*

*1972 wurde das internationale
Institut für Schneckenzucht gegründet, Zentrum für Experimente sowie für die Beratung
der Züchter und mittlerweile
in ganz Italien und vielen anderen Ländern aktiv. 1978
kam es zur Gründung eines
Dachverbandes (Associazione
Nazionale Elicicoltori), dem
nahezu 10 000 Unternehmen
angehören. Im gleichen Jahr er-
schien die erste Ausgabe einer
Fachzeitschrift und 1976 entstand der erste Betrieb Italiens
für die Konservierung von
Schnecken. Am dritten Septem-
berwochenende jeden Jahres
findet in der Altstadt ein Kon-
greß der Schneckenzüchter statt
und natürlich findet man in
dieser Zeit zahllose Schnecken-
gerichte auf den Speisekarten
der Restaurants und Osterien
von Cherasco.*

Istituto Internazionale di Elicicoltura di Cherasco
Via Vittorio Emanuele, 32
Tel. 48 84 78, Fax 48 92 18

Euro Helix
Via Sant' Iffredo, 20 a
Tel. 48 93 82

Der erste Betrieb zur Umwandlung und Konservierung von Schnecken in Italien. Hier bekommen Sie lebende und konservierte Exemplare dieser Tierchen.

Eis

Gelateria da Renato
Via Vittorio Emanuele, 55

Lassen Sie sich die Gelegenheit nicht entgehen und genießen Sie eine gute Eistüte beim Bummel durch die Arkaden.

Wein

Enoteca La Lumaca
Via Cavour, 8

Die Enoteca von Lorenzo Viassone, die auch andere typische Produkte von hoher Qualität und Weine aus den Langhe und Roero verkauft, hat vor kurzem im schönen Palazzo Ormea mitten im Zentrum eröffnet. Die erlesenen Schnecken aus Cherasco gibt es hier das ganze Jahr: frisch, tiefgefroren und sogar aus Schokolade. Täglich gibt es frisches Brot aus dem Holzofen und hausgemachte Marmeladen.

Antiquitäten

*Das Restaurieren alter Möbel, der Antiquitätenhandel und das Schreinerhandwerk sind alte und wichtige Traditionen in Cherasco. Die Handwerker sind verschwunden, aber die Antiquitätenhändler und Restauratoren sind noch sehr rührig.
Hier einige gute Adressen für Liebhaber:* **Ernesto Genesio** *(Via Monte di Pietà, 19, Tel.*

48 82 74) hat sich auf piemontesische und ligurische Möbel aus dem 17. und 18. Jahrhundert spezialisiert, mit ein paar Abstechern ins 19. Jahrhundert. Im hohen Alter von 80 Jahren geht **Felice Passone** *(Via Ferraretto, 7, Tel. 48 90 07) noch immer der Passion seiner Familie für heimische Antiquitäten nach und bietet Bilder und Möbel aller Epochen, vom 17. Jahrhundert bis in die erste Hälfte des 19. Jahrhunderts.* **Dario und Silvio Genesio** *(Via Vittorio Emanuele, 42, Tel. 48 91 45) und* **Romano Garino** *(Corso Luigi Einaudi, 3, Tel. 48 90 39) kümmern sich vorwiegend um das 19. Jahrhundert.*

Die Märkte

Keine so lange Tradition haben die Märkte. Sie entstanden und entwickelten sich vor allem aufgrund der faszinierenden Altstadt, die eine zauberhafte Szenerie für die Verkaufsstände abgibt. Hunderte von Händlern (für einen Standplatz muß man sich ein Jahr vorher anmelden) und 25 000 Besucher pro Veranstaltung ließen die Märkte von Cherasco in ganz Italien bekannt werden.

Veranstaltungskalender

Antiquitäten- und Sammlermarkt:
1. Sonntag im April, 2. Sonntag im September und 1. Sonntag im Dezember.

Antiquarischer Büchermarkt:
2. Sonntag im Juli

Altes Spielzeug und Hobbyhandwerk:
2. Sonntag im Oktober

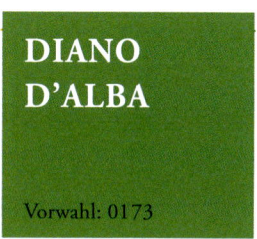

DIANO D'ALBA

Vorwahl: 0173

ÜBERNACHTEN

Ai Tardì
Via San Sebastiano, 81
Tel. 6 94 03
3 Sterne
4 Doppelzimmer und
3 Einzelzimmer, alle mit Bad und WC, Telefon, Fernsehen, Minibar; Restaurant, Bar, Parkplatz, Swimmingpool
Preise: Doppelzimmer
80 000 Lire, Einzelzimmer
65 000 Lire
Keine Kreditkarten

Angenehmes, behagliches kleines Albergo mit Schwimmbad im Freien.

Azienda agrituristica Simone Castella
Via Alba, 18
Borgata Lopiano
Tel. 6 91 70
3 Zimmer mit 2+2 Betten, WC
Preise: Doppelzimmer
70 000–90 000 Lire
Keine Kreditkarten

Es lohnt sich, hier einen Halt zwischen den Hügeln des Dolcetto einzulegen. Günstige Preise, allerdings kein Restaurantbetrieb.

Azienda agrituristica Marco Savigliano
Via Madonnina, 1
Borgata Lopiano
Tel. 6 91 96
2 Miniapartments mit jeweils 4 Betten.
Preis pro Bett: 35 000 Lire inklusive Frühstück.

ESSEN

Langhet
Valle Talloria
Via Cane, 31
Montags geschlossen
Betriebsferien: Januar
Plätze: 40 und 40 im Weinausschank
Preise: 35 000 Lire, ohne Wein
Alle Kreditkarten

Im Eingangsbereich stehen die großen Tische der Vinerie, wo es sich gut aushalten läßt bei Käse (gute Auswahl an Ziegenkäse), Salami, Sardellen in Kräutersauce, Knoblauchkuchen, einem Teller Gnocchi oder Tajarin. Vollständige Mahlzeiten gibt es in der Trattoria, in der es etwas weniger ungezwungen zugeht. Hier bietet man traditionelle Gerichte, die aus guten Zutaten recht phantasievoll zubereitet werden. Der Service ist kompetent und die Weinauswahl ansprechend. Köstlich auch das selbstgebackene Brot.

EINKAUFEN

Wurstwaren
Salumificio Barile
Via Cortemila, 89/B
Frazione Ricca

Ein handwerklicher Betrieb, der Schweinefleisch aus eigener Zucht verarbeitet. Rohe und gekochte Salami, Cotechino und Bratwurst.

Alte Möbel
Aldo Giordano
Via Cortemilia, 72
Frazione Ricca

Bei Giordano können Sie alte Möbel, manchmal auch Antiquitäten zu vernünftigen Preisen finden.

WEINKELLEREIEN

Matteo e Claudio Alario
Via S. Croce, 23
Tel. 23 18 08

Das eher kleine Gut der Alarios hat in den letzten Jahren mit einer Reihe qualitativ hochwertiger Rotweine von sich reden gemacht. Vor allem der Dolcetto aus der Lage Montagrillo in Diano ist einer der besten dieser Sorte.

Bricco Maiolica
Via Bolangino, 7
Frazione Ricca
Tel. 61 20 49

Angelo Accomo, ein prämierter Ochsenzüchter, führt auch diese Weinkellerei, die angenehme Langhe-Weine produziert: Sie sollten auf jeden Fall auch Dolcetto und Favorita probieren.

Produttori Dianesi
Via Santa Croce, 1 bis
Tel. 6 92 21

Eine kleine Gruppe von Weinbauern hat diese Kellerei aufgebaut, in der selbst produzierte Weine abgefüllt werden. Sie ist auf den Dolcetto spezialisiert. Er wird in verschiedenen Versionen angeboten und zeichnet sich durch seinen Duft und seine annehmbaren Preise aus.

Cantina della Porta Rossa
Piazza Trento e Trieste, 5
Tel. 6 92 10

Die verschiedenen Dolcetti aus Diano, die aus den besten Lagen stammen, der Barolo, der Barbaresco und der weiße Gavi, bilden eine komplette Auswahl von stets vertrauenswürdiger Qualität.

Dario e Giuseppe Savigliano
Via Guido Cane, 20
Valle Talloria
Tel. 23 17 58

Dieser Betrieb, der seit dem vergangenen Jahrhundert exi-

stiert, verfügt über ein Dutzend Hektar Weinberge. Er produziert vor allem Dolcetto aus Diano (besonders hervorzuheben die Sorì del Sot), aber auch Barbera, Nebbiolo, Grignolino, Chardonnay, Favorita und Moscato d'Asti.

Romano e Lorenzo Veglio
Via Cane, 110
Valle Talloria
Tel. 23 17 57

Ein typischer Bauernbetrieb, der sich hervortut durch seine guten Weine zu interessanten Preisen.

Giovanni Veglio e Figli
Via Guido Cane, 9
Valle Talloria
Tel. 23 17 52

Ein Betrieb mit einer Gesamtproduktion von 70 000 Flaschen. Sein Meisterstück ist ein kräftiger Dolcetto di Diano Puncia d'l Bric. Daneben werden auch Barbera, Barolo aus Castiglione Falletto und Moscato aus Serralunga produziert.

Sergio Casavecchia
Via Roma, 2
Tel. 6 92 05

Das Weingut produziert einen guten Diano d'Alba, vor allem aus der Lage Sorì Bruni füllt er die hervorragendsten Flaschen der Gegend.

Paolo Monte
Via Abelloni, 7
Tel. 6 92 31

Der Diano d'Alba hat gute Struktur und verliert auch mit der Lagerung nicht an Charakter.

Bricco Maiolica
Via Bolangino-Rocca, 7
Ortsteil Ricca
Tel. 61 20 49

Die Kellerei wird geführt von Angelo Accomo, einem prämier-

ten Züchter von Mastochsen.
Man produziert die typischen
Weine aus den Langhe. Probieren sollte man unter anderem
den Dolcetto und den Favorita.

Il Palazzotto
Via Alba, 3
Tel. 6 92 34

Ein kleiner Familienbetrieb,
der sich durch einen wirklich
besonderen Sorì Cristina und
ein gutes Preis-Leistungs-Verhältnis auszeichnet.

Abrigo fratelli
Via Moglia, 1
Tel. 6 91 04

Kleiner Familienbetrieb.

Giovanni Abrigo
Via Santa Croce, 9
Tel. 6 91 29

Ein guter Diano zu wettbe-
werbsfähigen Preisen.

Boffa fratelli
Via Cortemilia, 142
Tel. 61 20 55

Seit ein paar Jahren füllen
Mauro und Ferruccio Boffa
ihre eigenen, recht ordentlichen
Weine ab. Hervorragend ist ihr
Lagenwein Sorì Parisio.

Camparo
Via Carzello, 22
Tel. 23 17 77

Dieser noch junge Betrieb erzeugt einen wohlriechenden,
aus der Cru-Lage Sorì Bric
Camparo stammenden Dol-
cetto und ist eine gute Adresse
für günstige Tischweine.

Giovanni Prandi
Via Farinetti, 5
Tel. 6 94 14

Wenige gute Flaschen aus einer
der besten Lagen von Diano,
der Sorì Santa Cristina.

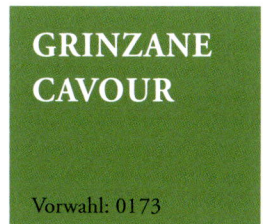

GRINZANE CAVOUR

Vorwahl: 0173

ESSEN

Trattoria dell'Enoteca
Castello di Grinzane
Tel. 26 21 72
Dienstags geschlossen
Betriebsferien: Januar
Plätze: 90
Preise: 50 000–60 000 Lire,
ohne Wein
Keine Kreditkarten

Dieses Ristorante, das sich im
prunkvollen Schloß befindet,
bietet in den großen und maje-
stätischen Sälen eine Küche, die
sich kein bißchen von der Tradition der Langhe distanziert
hat. Von den sommerlichen Gerichten Carpionà (in Essig eingelegtes Fleisch mit Eiern, Fisch
und Gemüse) und Caponét (gefüllte Zucchiniblüten) bis zum
Wildbret und Hasenpfeffer.
Auf Vorbestellung gibt es Zabaione, Maisgebäck und Bonèt
(Puddingspeise). Die Weinkarte bietet jene Weine, die auch in
der Enoteca regionale erhältlich sind.

La Salinera
Via IV Novembre, 19
Tel. 26 29 15
Dienstags und abends
geschlossen
Betriebsferien: 10 Tage im
August
Preise: 30 000 Lire, ohne
Wein
Alle Kreditkarten

An der Piazza von Grinzane,
einen Katzensprung vom Castello, liegt diese kleine Trattoria, die bei großem Andrang

mit ihren Tischen auf das be-
nachbarte Lebensmittelgeschäft
ausweicht. Serviert wird bodenständige Hausmannskost.
Unter den Vorspeisen: im Winter Paprika mit bagna caoda,
im Sommer Frittatine alle erbe;
Tagliatelle und Agnolotti al
plin; dann Kaninchen al civet
und geschmorten Rinderbraten.
Pfirsiche mit Amaretto, Halb-
gefrorenes von Haselnüssen und
hausgemachter Nußkuchen.
Kleine, gut sortierte Weinkarte.
Vorbestellung empfehlenswert.

Nonna Genia
Località Borzone, 1
Tel. 26 24 10
Mittwochs geschlossen
Betriebsferien: 15 Tage im
Januar und 15 Tage im Juli
Plätze: 40
Preise: 35 000 Lire, ohne
Wein
Alle Kreditkarten

Dieses alte Haus im Baustil der
Langhe wurde mit Geschmack
restauriert. Es bietet eine wunderbare Aussicht, dominiert
vom Castello. Klassische piemontesische Küche mit einigen
originellen Variationen: Vale-
rianasalat mit Toma, gefüllte
Paprika, Tajarin, Kaninchen
in Weinsauce und zum Schluß
ein unwiderstehliches Birnen-
dessert. Gute Weinkarte.

EINKAUFEN

Grappe
Distilleria Montanaro
Via Garibaldi, 6
Tel. 26 20 14

Hier werden seit 1885 Grappe
aus Trestern von Barolo, Dolcetto und Barbera destilliert.
Der antike Dampfdestillierkol-
ben produziert im Durch-
schnitt 150 000 Liter pro Jahr.
Direktverkauf im Betrieb und
Besichtigung nach Voranmeldung.

Wein

Enoteca Regionale
Castello di Grinzane
Tel. 26 21 59
Dienstags geschlossen
Betriebsferien: Januar
Öffnungszeiten:
im Sommer 9.00–12.00 Uhr,
14.30–18.30 Uhr;
im Winter 9.00–12.00 Uhr,
14.00–18.00 Uhr

*In den schönen Kellern, die
einst Camillo Benso di Cavour
gehörten, kauft man Weine einiger berühmter Erzeuger aus
Piemont, vor allem solche, die
der Orden der Cavalieri del
Tartufo e dei Vini d'Alba ausgewählt hat.*

Torrone

Sebaste
Ortsteil Borzone
Via Piana Gallo, 48
Tel. 26 20 09

*Für ganze Generationen ist
Gallo di Sebaste gleichbedeu-
tend mit Torrone. Der Torrone
zu Weihnachten, vom Jahr-
markt, von der Tante. Ende des
19. Jahrhunderts entdeckte Giuseppe Sebaste die magische For-
mel, die ideale Mischung von
Zucker, Honig, Eiweiß und
Haselnüssen der Sorte Tonde
Gentili aus den Langhe. Von da
an wurde der Familienbetrieb
immer größer und der Torrone
ging um die ganze Welt. Sebaste
verkauft nicht im Detail, aber
man bekommt seine Produkte
in den Geschäften der Gegend
und natürlich in den unver-
wüstlichen Jahrmarktsbuden.
Bei Voranmeldung ist es mög-*

*lich, das Werk zu besichtigen.
Vor kurzem erwarb die Familie Sebaste mit der Antica Torroneria Martino di Sinio im
Ortsteil Borgonuovo ein weiteres, geschichtsträchtiges Haus
(Tel. 26 39 10, mit Führungen
und der Möglichkeit einzukaufen) und kreierte die edle, hochwertige Produktlinie Antica
Torroneria Piemontese (verschiedene Sorten Torrone, aber
auch Trüffeln und Albesi al
rum), die für den Verkauf in
Weinhandlungen und Spezia-
litätengeschäften bestimmt ist.*

Pasticceria Marengo
Via Garibaldi, 30

*Bei diesem Torrone handelt es
sich um jenen weißen mit dem
Symbol des Hahns, der von der
Firma Sebaste in Grinzano aus
den berühmten Haselnüssen
der Sorte »tonda e gentile« hergestellt wird (siehe Seite 66). Es
gibt auch die mit Schokolade
überzogene Version. Die Pasticceria Marengo stellt auch seine
eigene vorzügliche Haselnuß-
meringe her.*

Typische Produkte

Al Tartufo d'Oro
Via Piana Gallo, 16

*Ein großes und ausgewähltes
Angebot an Produkten der
Langhe: Bei den Süßigkeiten
empfehlen wir die Trifula
bianca, eine Praline aus Haselnüssen und weißer Schokolade,
die von der Cioccolateria Elisa
in Arguello, einem kleinen
Dorf in den Hohen Langhe,
hergestellt wird.*

Cantina del Conte
Via Castello, 13

*Die Familie Pellissero bietet in
ihrem Laden neben Weinen
und Grappa die typischen Spezialitäten der Langhe: Trüffeln,
Pilze, Schafskäse, Haselnußtorte, Torrone, Honig.*

Wurstwaren

Salumeria Badellino
Via Garibaldi, 124

*Eine gute Adresse für hervorra-
gendes Schweinefleisch sowie
die typischen Salami aus der
Langhe. Außerdem bekommen
Sie hier auch Olivenöl extra
vergine von Raineri, Wein von
Terre del Barolo und Essig von
Cesare in Albaretto.*

WEINKELLEREIEN

Le Ginestre
Via Grinzane, 15
Tel. 26 29 10 und 26 29 16

*Der Betrieb stellt Dolcetto
d'Alba, Barbera d'Alba, Nebbiolo aus den Langhe sowie
kleinere Partien Barolo, Barbaresco und Chardonnay her.*

Giovanni Grimaldi
Via Parea, 7
Tel. 26 20 94

*Eine Weinkellerei, die sich qua-
litativ stetig verbessert und zu
interessanten Preisen die klassischen Rotweine der Gegend
(Dolcetto, Nebbiolo, Barbera),
aber auch Weißweine (Chardonnay) anbietet.*

LA MORRA

Vorwahl: 0173

ÜBERNACHTEN

**Azienda agrituristica
Erbaluna**
Borgata Pozzo, 42
Frazione Annunziata
Tel. 5 08 00
2 Doppelzimmer mit Bad,
3 Dreibettzimmer mit Bad
und 2 Miniapartments mit
Küchenbenutzung
Preise: Doppelzimmer
80 000 Lire, Dreibettzimmer
110 000 Lire, Mini-
apartment 100 000 Lire,
inklusive Frühstück

*Auf dem Hof von Severino und
Andrea Oberto sind die Zimmer einfach und geschmack-
voll, die Atmosphäre ist familiär. Außerdem verkaufen die
beiden eigenen, qualitativ guten Wein, der aus biologischem
Anbau stammt. Ein Hinweisschild finden Sie in der Ortschaft Pozzo, auf der Straße
nach Annunziata-Alba.*

**Azienda agrituristica
Il Gelso**
Borgata Croera, 34
Tel. 5 08 40
3 Ein-Zimmer-Apartments
mit je 2 Betten, Kochnische
und Bad/WC, 1 Apartment
mit zwei Schlafzimmern,
Küche und Bad, ein Zimmer
mit 4 Betten und Bad; ein
Gesellschaftsraum, wo man
auf Vorbestellung zu Mittag
oder Abend essen kann (bis
zu 20 Personen).
Preis pro Bett: 35 000 Lire,
Frühstück 6000 Lire

*Der Bauernhof liegt zwei Kilo-
meter vom Ort entfernt an der
Straße nach Barolo: Man genießt hier einen wundervollen
Blick auf das Weinland der
Langhe. Auf diesem Bauernhof
gibt es alles, vom radschlagen-
den Pfau über scharrende
Hühner bis zu den Trüffelhun-
den, die die Gebrüder Oberti
in den nahen Wäldern einset-
zen. Im Herbst kann man an
der Trüffelsuche teilnehmen.
Eigene Weine stehen zum Verkauf.*

**Azienda agrituristica
La Cascina del Monastero**
Cascina Luciani, 112 a
Frazione Annunziata
Tel. 50 92 45
5 Doppelzimmer mit Bad,
2 Apartments mit Zimmer
und Küche
Preise: Doppelzimmer
100 000–110 000 Lire,
Apartment 120 000–130 000
Lire, inklusive Frühstück

*Agriturismo neuesten Stils in
einem alten Bauernhof aus ein-
stigem Kirchenbesitz, heute im
Besitz der Familie Grasso.
Komfortable Zimmer, außerdem eine Bibliothek und ein
Museum für landwirtschaftliche Maschinen. Angenehme und
gepflegte Einrichtung. Bisher
gibt es keine Restaurant, doch
stehen zwei kleine, gut einge-
richtete Küchen zur Benutzung
zur Verfügung. Drei Plätze für
Camper.*

Italia
Via Roma 30
Tel. 5 06 09 und 5 03 10
2 Sterne
9 Doppelzimmer, 2 Einzel-
zimmer, alle mit Bad,
Fernsehen und Telefon
Restaurant, Bar, Parkplatz
Preise: Doppelzimmer
100 000 Lire, Einzelzimmer
70 000 Lire, Frühstück
7 000–15 000 Lire
Kreditkarten: die gängigsten

*Ein Albergo ohne besondere
Ansprüche, doch sauber und
praktisch eingerichtet, so daß
ein ruhiger Aufenthalt gewähr-
leistet ist. Im dazugehörigen
Restaurant serviert man traditionelle Gerichte.*

**Azienda agrituristica
Casa Bambin**
Ortsteil Santa Maria, 68
Tel. 5 07 85
4 Zimmer (3 Doppelzimmer
+ 1 Doppelzimmer mit
2 Zustellbetten), alle mit Bad
Preise: Doppelzimmer mit
Frühstück 80 000 Lire

*Zum Frühstück gibt es Brot
und Marmelade, hausgemachte
Kuchen, Wurst und Käse. Für
Ausflüge in die Hügellandschaft stehen Mountainbikes
zur Verfügung.*

**Azienda agrituristica
Cascina Ballarin**
Ortsteil Annunziata, 115
Tel. 5 03 65
4 Zimmer mit Bad,
allgemeiner Frühstücksraum
Parkplatz im Hof, Garten
Preise: Doppelzimmer
70 000 Lire, Einzelzimmer
55 000 Lire, Frühstück
10 000 Lire

*Im Augenblick ist noch keine
Bewirtung vorgesehen, aber es
gibt die Möglichkeit im Ge-
meinschaftsraum (bei warmem
Wetter auch im Garten) zu kochen und zu essen. Zum reichhaltigen Frühstück gehören
Marmelade, selbstgemachte Kuchen, Wurst und Käse.*

ESSEN

Belvedere ★★
Piazza Castello, 5
Tel. 5 01 90
Sonntagabends und montags
geschlossen
Betriebsferien: Januar und
Februar
Plätze: 180
Preise: 60 000–70 000 Lire,
ohne Wein
Alle Kreditkarten

*Hier befinden Sie sich in einem
der historischen Lokale der
Langhe, das schon in den fünf-
ziger Jahren seinen Ruf begründet hat. Gian Bovio und seine
Schwester Vittoria haben diesen kulinarischen Wallfahrtsort
geerbt, und sie haben die Tradition weitergeführt. Sie halten
sich immer auf höchstem ga-
stronomischen Niveau. Die umfangreiche Weinkarte bietet die
besten piemontesischen Weine.
Die Gerichte sind die klassischen der Langhe: Hervorragend sind Tajarin mit Leber-
sauce und die Agnolotti al plìn
mit Bratensauce, ein Risotto al
Barolo, auch der Schmorbraten
mit Barolo, gebratene Ente,
Perlhuhn und Zicklein. Gute
Käseauswahl. In den alten Kellergewölben finden Weinverko-
stungen statt. Im Sommer kann
man draußen einen wunder-
vollen Blick auf die Langhe genießen.*

Bel Sit
Via Alba, 17
Tel. 5 03 50
Montagabends und dienstags
geschlossen
Betriebsferien: 15 Tage im
Januar, 15 Tage im Juni/Juli
Plätze: 80
Preise: 45 000 Lire, ohne
Wein
Kreditkarten: die gängigsten

*Das Haus ist modern, die
großen Fenster bieten einen
herrlichen Blick auf die Weinberge. Franco Nervo pflegt eine
bodenständige Küche und legt
großen Wert auf die Qualität
der Produkte. Bei den klassischen Gerichten finden Sie die
Agnolotti al plìn und vorzügliche Gnocchetti mit Tomaten
und Kräutern sowie ein immer
duftendes Fritto misto. In der
kalten Jahreszeit gibt es die
Grive al Barolo (deftige Teig-
bällchen, mit Innereien gefüllt). Eine gute, lokale Weinkarte. Im Sommer kann man
auf der Terrasse speisen.*

Azienda agrituristica
Fratelli Revello
Ortsteil Annunziata, 103
Tel. 5 02 76
Sonntagabends geschlossen
Betriebsferien: Januar,
Februar und 3 Wochen im
Sommer
Plätze: 55 + 20 im Freien
Preise: 35 000–45 000 Lire,
ohne Wein
Keine Kreditkarten

*In dem schönen Hof im Vorort
Annunziata, zu Beginn der
kurvenreichen Strecke, die von
Alba hinauf nach La Morra
führt, produziert die Familie
Revello hervorragende Weine,
züchtet Kaninchen und Hühner und baut ihr Gemüse an.
Die Küche ist von hohem Niveau und achtet auf gesunde
Garzeiten und leichte Zutaten.
Unter den Antipasti finden sich
Vitello tonnato mit traditio-
neller Sauce, Kaninchenroula-
den in Balsamessig, Omeletts
und Caponet (Kohlrouladen).
Danach folgt das traditionelle
Zweigespann Agnolotti al plìn
und Tajarin (himmlisch!) und
schließlich Kaninchen mit
Kräutern. Auf Vorbestellung
bekommen Sie eine hervor-
ragende Finanziera all'albese
(Innereien vom Huhn). Bei
den Nachspeisen sollten Sie sich
die Zuppa Inglese keinesfalls
entgehen lassen. Reservierung
unbedingt erforderlich!*

L'Osteria del Vignaiolo
Ortsteil Santa Maria, 12
Tel. 5 03 35
Mittwochs und Donnerstag-
mittag geschlossen
Betriebsferien: Januar
Plätze: 50
Preise: 38 000–45 000 Lire,
ohne Wein
Kreditkarten: alle

*In Pastelltönen gehaltenes,
leicht kitschiges Ambiente mit
zwei altmodischen Anrichten
und wenigen Tischen. Gute
Weine, darunter nahezu alle
Erzeugnisse aus La Morra und
eine wöchentlich wechselnde
Menükarte. Je nach Jahreszeit
bekommt man hier Zucchini-
auflauf, Kaninchensalat, Tartrà (Eierstich), Kardenauflauf,
Tagliatelle mit Steinpilzen,
Gnocchi al Raschera, Agnolotti
al plìn, entbeintes Perlhuhn.
Dazu traditionelle Nachspeisen.
Im oberen Stockwerk stehen 5
Zimmer mit Bad für Über-
nachtungsgäste zur Verfügung.*

EINKAUFEN

Typische Süßigkeiten
Panificio Pasticceria Musso
Via Roma, 4

*In dieser Bäckerei wurden von
Giovanni Cogno die Lamorresi
al Barolo erfunden: weiche
Pralinen aus Kakao und Haselnüssen, mit einem Schuß Barolo. Es gibt auch eine Version
mit Grappa, besonders gut ist
jene mit Moscato. Heute arbeitet Giovanni in seiner neuen
Backstube, wenige Schritte von
der alten Bäckerei entfernt, die
nur noch zum Verkauf dient.
Empfehlenswert ist auch der
Haselnußkuchen.*

Mehl aus Steinmühlen
Molino Renzo Sobrino
Via Roma, 10

Noch vor einem Vierteljahrhundert besaß jede Bauernfamilie in den Langhe ein kleines Stück Erde, auf dem »Ottofile«-Mais angebaut wurde, der in der Mühle gemahlen und für Polenta verwendet wurde. Eine heimische Getreidesorte, die besonders süß und reich an Stärke ist, von der man aber wegen der geringen Erträge immer mehr abkam. Ihre Wiederentdeckung ist das Verdienst der Familie Sobrino, Besitzer einer der letzten Steinmühlen. Vor 15 Jahren machten sie sich in den Langhe auf die Suche nach den letzten, reinen »Ottofile«-Rispen, ermutigten zum Anbau, garantierten die Abnahme der gesamten Ernte und retteten so die Sorte vor dem endgültigen Aussterben. Die aus diesem Maismehl gewonnene gelbe Polenta ist wirklich einmalig, vorausgesetzt man kocht sie so lange, wie es früher üblich war. Sie bekommen hier auch Kastanien- und Kichererbsenmehl. Wenn die Mühle geschlossen ist, können Sie die Produkte auch in den Geschäften von La Morra kaufen.

Käse
Clarita Trinchero
Via Roma, 6

Bei Clarita bekommen Sie den sogenannten »Toma del Venerdì« (»Freitags-Toma«). Der Weichkäse heißt so, weil er freitags geliefert wird und er ist innerhalb von nur 2–3 Tagen ausverkauft. Er stammt von den kleinen Schafherden der Bauernfamilien in der Alta Langa und ist nur während der Saison erhältlich. Eine gute Alternative sind die kleinen, gereiften Käse. Darüber hinaus finden Sie hier eine ordentliche Auswahl lokaler Käse- und Wurstsorten.

Wurstwaren
G. M. Market Alimentari
Via Roma, 28

An der Wursttheke dieses Supermarkts bekommen Sie eine gute Kochsalami, Cacciatorini al Barolo und in der Saison Frisse (eine in Schweinenetz gewickelte Masse aus Innereien, Wursteig, Käse, Eiern und Kräutern).

Wein
Cantina Comunale
Piazzetta del Municipio, 2
Tel. 50 92 04
Öffnungszeiten:
10.00–12.30,
14.30–18.30 Uhr
Dienstags geschlossen

Die Kellerei wurde 1973 in den alten Kellern des Palazzo der Marchesi von Barolo, auf der heutigen Piazzetta del Municipio, gegründet. Sie bietet ein breites Panorama der Weinproduktion von La Morra, vor allem Barolo, aber auch Dolcetto, Barbera und Nebbiolo. Dem Zusammenschluß gehören 44 Produzenten des Ortes an.

Vin Bar
Via Roma, 56
Mittwochs geschlossen

Eine gute Auswahl von Baroli aus La Morra. Panini mit hiesigen Spezialitäten. Abends wird das Lokal von Karten- und Billardspielern besucht. Im Sommer finden hier häufig Gemäldeausstellungen statt.

Enoteca Gallo
Via XX Settembre, 3

Hier gibt es Wein und die Spezialitäten der Gegend: Süßes, aber auch Toma, Pilze und Eingelegtes in Öl.

Vineria Sangiorgio
Via Umberto, 1

Die wenigen kleinen Räume in dem schönen Palast aus dem 18. Jahrhundert an der Piazza Belvedere (für Geschichtsinteressierte: in diesen Räumen komponierte Giuseppe Gabetti den Königsmarsch für das Haus Savoyen) sind der ideale Ort für einen kleinen Imbiß. Sie finden hier eine schöne Auswahl an Wurst, Käse und kalten Gerichten sowie eine reichhaltige, hochwertige Weinkarte. In einem der Räume finden ständig wechselnde Kunstausstellungen statt.

Associazione Amici della Vineria
Borgata Serra dei Turchi, 88

Die von dem Winzer Gianni Gagliardo eröffnete Vineria bietet jeden Abend ein warmes Primo sowie kalte Speisen für einen nächtlichen Imbiß. Aus dem reichhaltigen Käseangebot können Sie direkt vom Servierwagen auswählen, die ordentliche Weinkarte bietet heimische Gewächse sowie einige fremde Erzeugnisse.

Bacco e tabacco
Via Umberto I, 32

Hier finden Sie die besten Weine der Region, typische Spezialitäten, Landkarten, Reise- und Gastronomieführer.

L'Enoteca
Via Roma, 19

Hier bekommen Sie eine ordentliche Auswahl lokaler Weine und typisches Naschwerk aus den Langhe wie Torrone, Haselnußtorte und Maismehlgebäck.

Kleines Holzhandwerk
Pietro Barbotto
Via Ferrero, 17

*Pietro Barbotto macht Holzin-
tarsien. Er hat keine Werkstatt,
nur einen kleinen Arbeitsraum
am Ende eines Hofes in der Via
Ferrero. Wenn man ihn dort
nicht findet, muß man ihn im
Borghetto suchen.*

WEINKELLEREIEN

Lorenzo Accomasso
Via Annunziata, 34
Tel. 5 08 43

*Eine außergewöhnliche Kelle-
rei und ein außergewöhnlicher
Winzer. Baroli, Dolcetto und
Barbere, die sich immer auf
einem hohen qualitativen
Niveau befinden.*

Crissante Alessandria
Borgata Roggeri, 43
Frazione Santa Maria
Tel. 5 08 34

*Der junge Weintechniker Mi-
chele Alessandria hat die väter-
liche Weinkellerei erneuert, indem er Tradition und Moderne
verband: Die Weine sind klas-
sisch.*

Elio Altare
Borgata Pozzo, 51
Frazione Annunziata
Tel. 5 08 35

*Die völlige Hingabe an den
Weinberg und die unermüdli-
che Experimentierfreude im
Weinkeller haben aus Elio Altare einen der neuen Meister
des Barolo gemacht. Und seine
Weine sind zu wahren Kultob-
jekten in der ganzen Welt geworden. Vigna Arborina und
Vigna Larigi sind mittlerweile
legendär. Alle seine Weine sind
eine gute Investition.*

Cascina Ballarin
Frazione Annunziata, 115
Tel. 5 03 65

*Ein kleiner Familienbetrieb,
der zu interessanten Preisen die
klassischen Weine der Gegend
anbietet.*

Batasiolo
Località Batasiolo
Frazione Annunziata, 87
Tel. 5 01 30 und 5 01 31

*Eine große Besitzung, die mit
250 Tagwerk wenige Rivalen
in den Langhe hat. Die neue
Leitung, die mit moderner
Philosophie und Technik arbeitet, hat schon bewiesen, daß sie
eine Auswahl großer Weine
produzieren kann, vom Barolo
Cru bis zum Chardonnay.*

Enzo Boglietti
Via Roma, 37
Tel. 5 03 30

*Ein junger Mann, der erst
1991 mit der Weinproduktion
begonnen hat. Er besitzt 4 Hektar Rebfläche in den besten Lagen von La Morra und produziert Dolcetto, Nebbiolo Langhe
und Barbera. Bemerkenswert
der Barbera Vigna dei Romani,
der sehr ausgeglichen und kräftig ist.*

Gianfranco Bovio
Borgata Ciotto, 63
Frazione Annunziata
Tel. 5 01 90

*Gian Bovio gehört zu den
großen Persönlichkeiten von La
Morra (er leitet auch das Ristorante Belvedere). Er beweist,
indem er Jahr für Jahr Rotweine von konstanter Qualität
produziert, große Sachkenntnis.*

Corino
Frazione Annunziata, 24
Tel. 5 02 19

*Ein junger Mann, der klare
Vorstellungen besitzt und in
wenigen Jahren ein beachtliches*

*Können sowohl als Winzer wie
auch als Kellermeister bewiesen
hat. Auch hier kosten Sie Weine,
denen Sie vertrauen können.*

Dosio
Località Serradenari, 16
Tel. 5 06 77

*Diese Weinkellerei zeigt sich,
nachdem sie die Gerätschaften
erneuert und die richtige Produktionsphilosophie erkannt
hat, als eine der herausragenden in den Langhe. Wichtiger
Hersteller von Dolcetto und
Barolo Vigna Fossati.*

Fratelli Ferrero
Frazione Annunziata, 12
Tel. 5 06 91

*Ein Landwirtschaftsbetrieb, der
aus seinen Weinbergen die typischen Rotweine der Langhe gewinnt.*

Gianni Gagliardo
Serra dei Turchi, 88
Tel. 5 08 29

*Dieser Betrieb wird von seinem
äußerst aktiven Besitzer beseelt.
Die große Auswahl reicht von
den klassischen Rotweinen der
Gegend (Barolo, Dolcetto, Barbera) bis zum Weißwein (Favorita) und Spumante Brut.*

Silvio Grasso
Cascina Luciani, 112
Frazione Annunziata
Tel. 5 03 22

*Dieser alte Familienbesitz weiß
die hervorragenden eigenen
Weinberge immer besser zu
nutzen. Die angebotenen Rotweine der Langhe sind von
höchstem Niveau.*

Poderi Macarini
Piazza Martiri, 2
Tel. 5 02 22

*Der Name Macarini ist unter
den Winzern der Langhe gut
bekannt und eine sichere
Bezugsquelle. Barolo, Barbera*

und der Dolcetto Boschi di Berri, der aus uralten Weinbergen stammt, sind in ihrer Art wirklich außergewöhnlich.

Mario Marengo
Via XX Settembre, 18
Tel. 5 01 27

Diese Weinkellerei mit alter Tradition bietet Dolcetto und Barolo aus der Lage Brunate. Das Geschäft ist unter derselben Adresse zu finden wie die Eisenwarenhandlung, die ebenfalls von Mario geführt wird: Hier finden Sie alles vom Nagel bis zum Schmiedeeisen.

Mauro Molino
Borgata Gancia, 111
Frazione Annunziata
Tel. 5 08 14

Barolo Vigna Conca und Acanzio, aus einer Traubenmischung von Barbera und Nebbiolo, sind die beiden wichtigsten Produkte dieses kleinen Produzenten, der sich schon einen wohlverdienten Namen gemacht hat.

Mauro Veglio
Località Cascina Nuova, 50

Dieser Weinkeller wird von dem jungen Mauro Veglio mit Kompetenz und Sachkenntnis geführt. Er keltert die Trauben von neun Hektar in den Gemeinden La Morra und Monforte. Veglio stellt Dolcetto d'Alba, Barbera d'Alba und Barolo her. Besonders empfehlenswert: der Rocche dell' Annunziata.

Monfalletto
Frazione Annunziata, 67
Tel. 5 03 44

Mehr als zwanzig Hektar Weinberg bilden die Grundlage für die Weine dieser Weinkellerei, die spezialisiert ist auf Barolo und Dolcetto.

Andrea Oberto
Via Marconi, 25
Tel. 50 92 62

Hier werden über 10 000 Flaschen jährlich produziert, die jedoch alle sehr interessant sind. Neben dem Barolo aus der Lage Rocche sollten Sie auch den Dolcetto und den Barbera aus Giada, einen gut strukturierten Rotwein, probieren.

Luigi Oberto
Via Santa Maria
Ciabot Berton, 1
Tel. 5 02 17

An der Straße von La Morra nach Santa Maria gelegen, bietet dieser Betrieb eine schöne Serie von Barolo, Dolcetto, Nebbiolo und Barbera.

Fratelli Oddero
Frazione Santa Maria, 28
Tel. 5 06 18

Ein Name, der seit Jahren bekannt ist und noch immer traditionelle Rotweine der Langhe von hoher Qualität herstellt.

Renato Ratti
Antiche Cantine dell'
Abbazia dell'Annunziata
Frazione Annunziata, 7
Tel. 5 01 85

Renato Ratti (siehe Seite 49) hat sehr viel für den Wein getan, nicht nur für den der Langhe. Seine Kellerei, die heute von seinem Sohn Pietro gemeinsam mit Massimo Martinelli geführt wird, bleibt eine der geschätztesten bei den Weinliebhabern. Die Weine halten sich konstant auf einem qualitativ guten Niveau. Besonders empfehlenswert ist der Barolo Marcenasco.

Rocche Costamagna
Via Alba, 3
Tel. 5 02 30

Barolo, Dolcetto und Nebbiolo sind die Produkte des Betriebs der Familie Ferraresi Locatelli. Die Weine zeichnen sich durch einen modernen Stil aus, dessen Vorzüge Frische und Leichtigkeit sind.

Aurelio Settimo
Frazione Annunziata, 30
Tel. 5 08 03

Dieser Familienbetrieb produziert von seinen ca. sieben Hektar Weinbergen vertrauenswürdigen Dolcetto und Barolo, mit einem guten Preis-Leistungs-Verhältnis.

Eraldo Viberti
Borgata Tetti, 53
Tel. 5 03 08

Eraldo Viberti ist einer der vielen Jungen, die die Weinszene der Langhe erneuern. Aus seinen Reben im Ortsteil Santa Maria produziert er Dolcetto, Barolo und einen hervorragenden, im Barrique gereiften Barbera, den er Vigna Clara genannt hat.

Gianni Voerzio
Via Loreto, 1
Tel. 50 91 94

Barolo La Serra, Serrapiù (eine Mischung aus Nebbiolo und Barbera), Dolcetto Ciabot della Luna sowie Arneis und Freisa bilden eine komplette und abwechslungsreiche Auswahl. Ein unternehmungslustiger Betrieb, der sich qualitativ stetig verbessert.

Roberto Voerzio
Straße nach Cerreto, 1
Tel. 50 91 94

In der neuen Kellerei von Roberto Voerzio werden Weine aus den Trauben der eigenen Weinberge hergestellt, die sich jedes Jahr bei den Liebhabern wegen ihrer Kraft und Eleganz durchsetzen. Es reicht schon der Hinweis auf die Lagen des Barolo (La Serra, Brunate, Cerequio), die Barbera-Lage Le Vignasse und den Vignaserra (aus in barriquegereiften Barbera- und Nebbiolo-Trauben). Eine sichere Adresse und einer der Großen der Langhe.

Erbaluna
Borgata Pozzo, 43
Tel. 5 08 00

Die Familie Oberto produziert qualitätvolle Baroli und Dolcetti als Bioweine.

Fratelli Revello
Ortsteil Annunziata
Tel. 5 02 76 und 5 01 39

Mit gutem Willen und Hartnäckigkeit ist es Enzo und Carlo Revello gelungen, diese Kellerei innerhalb kürzester Zeit in den italienischen Weinhimmel aufsteigen zu lassen. Aus den eigenen, in besten Lagen von La Morra liegenden Weinbergen gewinnen sie Baroli, Dolcetti und Barbere, die inzwischen zu den italienischen Spitzenerzeugnissen zählen.

Rocche Costamagna
Via Vittorio Emanuele, 12
Tel. 5 02 30 und 50 92 25

Auf dem Gut der Familie Ferraresi Locatelli produziert man Barolo, Dolcetto und einen Nebbiolo Roccardo, die sich durch einen modernen Stil auszeichnen, bei dem man auf Frische und Süffigkeit setzt.

Oreste Stroppiana
Ortsteil Rivalta,
Region San Giacomo, 6
Tel. 5 01 69 und 50 94 19

An dem bei Weinliebhabern weniger bekannten Hang von La Morra, am Tal von Tanaro und Verduno, produziert diese kleine Kellerei (pro Jahr ca. 8 000 Flaschen) einen einzigartigen Dolcetto sowie einen hervorragenden Barolo.

Ciabot Berton
Via Santa Maria, 1
Tel. 5 02 17

Die Weinhandlung auf dem Weg von La Morra nach Santa Maria bietet eine Reihe anständiger Barolo, Dolcetto, Nebbiolo und Barbera.

Osvaldo Viberti
Frazione Santa Maria
Borgata Serra die Turcho, 95
Tel. 5 03 74

Eine neue Adresse mit Blick auf die Weinberge der Langhe. Osvaldo Viberti füllt seit einigen Jahren einige tausend Flaschen exzellenten Dolcetto d'Alba ab. Sein Barolo ist noch nicht zum Verkauf freigegeben.

MONFORTE D'ALBA

Vorwahl: 0173

ÜBERNACHTEN

Giardino da Felicin
Via Vallada, 18
Tel. 7 82 25
3 Sterne
10 Doppelzimmer mit Bad
Restaurant und Bar
Parkplatz
Preise: Doppelzimmer
150 000 Lire
Kreditkarten: die gängigsten

Ruhige und komfortable Zimmer mit Blick auf die Hügel. Ein gutes Hotel für ein Wochenende oder einen längeren Aufenthalt.

Grappolo d'Oro
Piazza Umberto I, 4
Tel. 7 82 93
2 Sterne
10 Doppelzimmer, 2 Einzelzimmer
Restaurant und Bar
Preise: Doppelzimmer
80 000 Lire, Einzelzimmer
60 000 Lire
Kreditkarten: Visa

Bodenständiges Hotel mit anständigen Zimmern. Sonntags treffen sich die älteren Dorfbewohner in der Bar zum Tarockspiel. Das Restaurant bietet typische Regionalgerichte und eine gute Auswahl lokaler Weine.

Villa Beccaris
Via Bava Beccaris, 1
Tel. 7 81 58
3 Sterne
17 Doppelzimmer, 5 Junior-
Suiten, 1 Suite, TV, Fax
Bar, gastronomische Spezia-
litäten, Kongreßsaal,
überdachter Parkplatz, Pool
mit Unterwassermassage,
Solarium
Preise: Doppelzimmer
250 000 Lire, Junior-Suite
300 000 Lire, Suite 400 000
Lire
Alle Kreditkarten

*Ein junges Hotel in den Räu-
men eines wunderschönen Herr-
schaftsgebäudes aus dem 19.
Jahrhundert. Die Zimmer sind
mit Stilmöbeln und wertvollen
Tapeten ausgestattet. Die Suiten haben original Cottoböden
oder Parkett, mit Fresken be-
malte Decken und offene Ka-
mine. Vor der Tür liegt ein
jahrhundertealter Park mit
Spazierwegen, für die kalte
Jahreszeit steht ein klimatisier-
ter Wintergarten zur Verfügung.
Das erstklassige Frühstück wird
in einem Raum mit zwei Kera-
miköfen eingenommen, Bibliothek, Bar und Weinstube befinden sich in den sehr schön
restaurierten Kellergewölben.*

E S S E N

Giardino da Felicin ★★
Via Vallada, 18
Tel. 7 82 25
Sonntagabends und montags
geschlossen
Betriebsferien: Januar bis
Februar und 10 Tage im Juli
Plätze: 65
Preise: 65 000 Lire, ohne
Wein
Kreditkarten: die gängigsten

*Es gibt niemanden, der über
Monforte redet und sich nicht
an das Felicin erinnert, das sich
seit drei Generationen hier befindet. Seit Jahrzehnten ist sein*

*Name im Munde aller Fein-
schmecker. Gianni Rocca, einer
der bekanntesten Maîtres in
den Langhe, ist die Seele des
Restaurants. Seine Ehefrau Ro-
sina steht ihm mit dem Sohn
Giovannino zur Seite. Die Dy-
nastie der Rocca setzt sich also
in kulinarischer Tradition der
Langhe fort. Hier wird sie mit
dem richtigen Schuß Leichtigkeit und Eleganz präsentiert.
Unter den Antipasti können
Sie die Tartrà kosten. Spargel
mit Parcuigianozabaione und
die Carne cruda all'albese. Zu
den warmen Antipasti gehören
die Fonduta und im Herbst/
Winter die weißen Trüffeln aus
Alba; im Sommer gibt es frische
Gemüse. Bei den Primi gibt es
vorzügliche Tajarin mit Leber-
sauce oder mit frischen Tomaten und Basilikum; Agnolotti
al plìn wie aus dem Bilderbuch.
Dann gibt es Kalbsschmorbra-
ten, Schmorbraten mit Barolo
und gefülltes Huhn. Nach der
hervorragenden Käseauswahl
schließt man das Essen mit
Panna Cotta oder Semifreddo
al Torrone ab. Der Weinkeller
bietet das Beste der albesischen
Produktion. Nur abends geöffnet, am Wochenende auch mittags.*

Trattoria della Posta ★
Piazza XX Settembre, 9
Tel. 7 81 20
Donnerstags geschlossen
Betriebsferien: eine Woche
im Frühling
Plätze: 45
Preise: 45 000–50 000 Lire,
ohne Wein
Kreditkarten: CartaSì, Visa

*Eine der ältesten und charak-
teristischsten Osterie in den
Langhe. Sie liegt direkt am
Marktplatz, auf dem auch
heute noch Pallone elastico gespielt wird. Das Ambiente ist
einfach und rustikal, der Service ungezwungen. Die Qualität der Küche ist gut, Gerichte*

*wie handgeschnittenes Carne
cruda, Vitello tonnato, Agnolotti al plìn und Muscolo al
Barolo sogar hervorragend. Die
Dessertkarte bietet Klassisches
wie Bonet, Panna cotta, Bu-
dino al torrone, die Weinkarte
ist sehr gut sortiert. Noch ein
Rat: Lassen Sie sich einen Tisch
reservieren und seien Sie pünkt-
lich, denn man hält sich hier
streng an die Öffnungszeiten.*

E I N K A U F E N

Leckereien

Antica Dispensa
Via Bava Beccaris, 3
Bricco Bastia

*Ferruccio Ribezzo stellt etwa
15 gastronomische Spezialitäten der Langhe her: getrüffeltes
Entenpâté und Robiole in Öl,
getrüffelte kleine Salami und
Sardellen-Knoblauch-Creme,
Tagliatelle mit Trüffeln und
Kirschen in Barolo, Pflaumen
mit Rhabarber und Cognà aus
Muskatellertrauben. Alle Produkte werden in hübsche Terra-
cotta-Töpfchen abgefüllt. Um
zur »Dispensa« zu kommen
(auch mit dem Auto), müssen
Sie auf den Gipfel des Hügels
von Monforte fahren, wo sich
der alte Teil des Dorfes befindet: Vom Hof genießt man einen herrlichen Blick auf den
alten Dorfkern.*

Haselnußkuchen

Panetteria Viberti
Via Palestro, 16
Piazza Umberto

*In dieser Bäckerei finden Sie
den klassischen Haselnußkuchen, wie er seit jeher in den
Öfen des Dorfes gebacken wird.*

Wein und Spezialitäten

Enoteca Bar Rocca
Piazza Umberto I

Das ehemalige Feinkostgeschäft ist eine gute Adresse für einen Nachmittagsimbiß. Hier können Sie zu Käse, Wurst, Schinken und Süßem von dem hervorragend sortierten Angebot lokaler Weine probieren.

Enoteca di Monforte
Via Palestro 2, Ecke Piazza Umberto

Maria Teresa Sammorì bietet ein Sortiment hochwertiger Weine aus den Langhe, Grappe aus Alba, Ziegenkäse aus Seròle und Roccaverano sowie Murazzano aus Schafs- und Kuhmilch. Sie finden hier auch Produkte der Antica Dispensa.

WEINKELLEREIEN

Domenico Clerico
Località Manzoni
Cucchi, 67
Tel. 7 81 71

Domenico Clerico gehört längst zu den Großen des Weinfachs, und zwar nicht nur, was die piemontesischen Weine anbelangt. Von dem gefälligen Freisa Ginestra über die Barolo-Crus (Briccotto Bussia und Ciabot Mentin Ginestra) bis zum eleganten Arte, der aus Nebbiolo- und Barberatrauben hergestellt wird, bietet er jeden Wein von größter Klasse.

Aldo Conterno
Località Bussia, 48
Tel. 7 81 50

Aldo Conterno ist ohne Zweifel einer der größten tätigen Baroloproduzenten. Dank der Unterstützung seiner Söhne im Betrieb kann er sich heute einer Produktionsserie von großer Klasse rühmen: von dem spritzigen Freisa Bussianella, dem

Barbera Conca Tre Pile, dem Nebbiolo Favot bis zu den kostbaren Baroloweinen aus den Lagen La Bussia, Colonello und Romirasco. Der Barolo Gran Bussia wird nur in den besonders guten Jahrgängen aus einer Auswahl der besten Trauben der gleichnamigen wertvollen Lage produziert.

Paolo Conterno
Frazione Ginestra, 103
Tel. 7 84 15

Paolo füllt den Wein aus seinen Weinbergen selbst ab. Sie finden bei ihm gute, typische Erzeugnisse aus Monforte: Barbera, Barolo, Dolcetto, die sich auch trotz der harten heimischen Konkurrenz durchsetzen können.

Giacomo Conterno
Località Ornati, 2
Tel. 7 82 21

Giacomo Conterno ist einhellig als einer der größten Weinproduzenten der Langhe anerkannt. Er produziert den legendären Monfortino aus einer Selektion von Barolo-Trauben aus seinen eigenen Weinbergen. Dieser Wein wird nur in den großen Jahrgängen gekeltert und reift langsam heran. Sie sollten, um sich selbst zu überzeugen, auch den hervorragenden Dolcetto und Barbera kosten, zwei Rotweine von außerordentlichem Duft und Süffigkeit.

Conterno-Fantino
Via Ginestra, 1
Località Bricco Bastia
Tel. 7 82 04

Dieser Betrieb zeichnet sich seit Jahren durch einige sehr außergewöhnliche Produkte als einer der interessantesten in Monforte aus: den Barolo aus den beiden Lagen Sorì Ginestra und Vigna del Gris, den Barbera Vignota und den Monprà, einen klaren roten Tafelwein

aus Barbera- und Nebbiolo-Trauben.

Attilio Ghisolfi
Cascina Visette, 27
Regione Bussia
Tel. 7 83 45

Ein junger Betrieb, den man aufmerksam beobachten sollte: Er wurde in den letzten Jahren durch sehr interessante Barbera-, Dolcetto- und Barolo-Weine bekannt. Letzterer aus der Lage Visette.

Giovanni Manzone
Via Castelletto, 9
Tel. 7 81 14

Dieser Betrieb kann auf zwei der besten Weinberge im Gebiet von Perno und Castelletto zählen. Von diesen Weinbergen stammen der Barolo und der Dolcetto, die zu den interessanten Produktionen des Betriebes gehören, der augenblicklich modernisiert und erweitert wird.

Poderi Rocche dei Manzoni
Località Manzoni
Soprani, 3
Tel. 7 84 21

Valentino Migliorini hat einen modernen Betrieb aufgebaut, der neben den Klassikern der Langhe (Barolo aus verschiedenen Lagen) auch weniger traditionelle Produkte anbietet: Bricco Manzoni (aus Nebbiolo- und Barbera-Trauben), Chardonnay Angelica sowie einen Roten aus Pinot-Nero-Trauben. In den letzten Jahren kamen ein hervorragender Spumante (Valentino Brut Zero) hinzu, der Barolo Cappella di Santo Stefano und der rote Quaer Nas.

Fratelli Seghesio
Frazione Castelletto, 20
Tel. 7 81 08

*Ein typischer Familienbetrieb
der Langhe, der sich durch klas-
sische Rotweine von kräftiger
Struktur auszeichnet: Dolcetto,
Barbera und Barolo von guter
Qualität.*

Gianfranco Alessandria
Ortsteil Manzoni, 13
Tel. 7 85 76 und 78 72 22

*Vier Hektar Weinberge, zwei
davon für Barolo (und was für
ein Barolo!), eineinhalb für
Barbera und ein knapper halber für Dolcetto. Wenig für einen so fähigen und leiden-
schaftlichen Winzer!*

Bussia Soprana
Ortsteil Bussia Soprana, 87
Tel. 0 39/ 30 51 82

*In der Kellerei von Silvano
Casiraghi und Guido Rossi
werden Trauben aus 12 Hektar
eigenen sowie 6 Hektar gepach-
teten Weinbergen verarbeitet.
Das Angebot umfaßt die typischen Weine der Gegend – Dolcetto und Barbera d'Alba – sowie
zwei Baroli aus Einzellagen –
Bussia und Vigna Colonello –
zu denen 1995 noch der Barolo
Mosconi hinzukam.*

**Alessandro e Gian Natale
Fantino**
Via Silvano, 18
Tel. 7 82 53

*Auf ihrem schönen Hof im al-
ten Ortszentrum von Monfor-
te, verarbeiten Alessandro und
Gian Natale Fantino die Trau-
ben aus dem in der Nähe von
Bussia gelegenen Besitz der
Dardi. Neben Barolo und Bar-
bera produziert man in dieser
Kellerei auch noch eine kleine
Menge an Nebbiolo Passito.*

Giacomo Fenocchio
Ortsteil Bussia Sottana, 66
Tel. 7 83 11

*Das von der Familie Fenocchio
bewirtschaftete Gut liegt in
Bussia Sottana, an dem der
Ortschaft Barolo gegenüberliegenden Hang von Monforte.
Man bietet hier die klassischen,
traditionellen Weine der Langhe (Barolo, Barbera, Dolcetto)
zu wirklich günstigen Preisen.*

Riccardo Fenocchio
Pianpolvere Soprano
Ortsteil Bussia, 32
Tel. 7 83 35

*Aus den Trauben von Pianpol-
vere Soprano, eine der Spitzenlagen von Monforte, erzeugen
die Fenocchios ihre beiden Aushängeschilder Barolo und Barbera sowie den für die Gegend
ungewöhnlichen, aber sehr gelungenen Grignolino.*

Elio Grasso
Ortsteil Ginestra, 40
Tel. 7 83 61

*Der Schwerpunkt in diesem
traditionellen Betrieb liegt auf
der Nebbiolo-Rebe. Neben dem
Nebbiolo Gavarini gewinnt
man aus ihr die beiden Baroli
Gavarini Vigna Chiniera und
Casa Maté aus Cru-Lagen.
Komplettiert wird das Angebot
mit einem Dolcetto Vigna dei
Grassi, Barbera Vigna Martina
und Chardonnay Educato. Die
kürzlich restaurierte Kellerei
kann besichtigt werden.*

Armando Parusso
Ortsteil Bussia, 55
Tel. 7 82 57

*In dem kleinen Betrieb verar-
beitet man eigene Trauben aus
den hervorragenden Lagen an
der Gemeindegrenze zwischen
Monforte und Castiglione Falletto. Für die Baroli nimmt
man Reben aus den Lagen Le
Munie und Le Rocche, Bricco*

*Pugnane ist für den Barbera
d'Alba reserviert, Bricco Ro-
vella liefert die Trauben für den
Langhe Rosso (Sauvignon) bzw.
Bianco (Chardonnay).*

Ferdinando Principiano
Via Alba, 19
Tel. 78 71 58

*Ferdinando Principiano hat vor
kurzem sein Weinbaustudium
beendet und experimentiert
nun seit einiger Zeit erfolgreich
mit eigenen Weinen. Seine
Dolcetti, Barbere und Baroli
zeigen hervorragenden Körper.*

Flavio Roddolo
Bricco Appiani
Tel. 7 85 35

*Jahr für Jahr ist auf die Qua-
lität dieser kleinen Kellerei Ver-
laß. Die Trauben für Dolcetto,
Barbera, Nebbiolo und, seit
1993 auch Barolo, stammen
aus dem Weinberg Bricco Ravera, einer von Fachleuten als
hervorragend eingestuften Lage.*

Gianmatteo Pira
Ortsteil San Sebastiano, 59
Tel. 7 85 38 und 7 83 40

*Der zwischen Dogliana und
Monforte liegende Betrieb
nimmt gerade eine sehr interessante Entwicklung, wie man
an den Dolcetti d'Alba und den
Barbere (vornehmlich den spät
geernteten) sehen kann, die alle
große Persönlichkeit und Eleganz zeigen.*

Azienda agricola Pajana
Via Circonvallazione, 2
Tel. 7 82 69

*Renzo Seghesio widmet seine
Arbeit seit einigen Jahren einem
guten Stück Land der traditions-
reichen Lage Pajana. Da-
her der Name seines Betriebs.
Empfehlenswert aus der jungen
Produktion: der Barolo, der Dolcetto und ein im Barrique aus-
gebauter Barbera.*

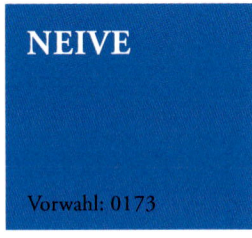

NEIVE

Vorwahl: 0173

Ü B E R N A C H T E N

Locanda La Contea
Piazza Cocito, 8
Tel. 6 71 26
4 Nebengebäude, 6 Doppel-
zimmer mit TV und Minibar
Restaurant, Parkplatz
Preise: Doppelzimmer und
Nebengebäude 145 000 Lire,
ohne Frühstück
Kreditkarten: die gängigsten

*Die wenigen Zimmer und das
bekannte Restaurant sind in einem alten Palazzo untergebracht und bieten Ruhe und
Komfort.*

Locanda Reale
Borgonuovo
Corso Romano Scagliola, 13
Tel. 6 70 91
2 Sterne
8 Doppelzimmer mit Bad
Restaurant, Bar
Preise: Doppelzimmer
70 000 Lire
Kreditkarten: die gängigsten

*Einfache, angenehme Atmo-
sphäre.*

La Casa di Sara Versio
Borgonuovo
Via De Revello, 73
Tel. 6 72 20
Preise: 50 000 Lire pro
Person
Keine Kreditkarten

*Freistehendes Haus mit Aus-
sichtsterrasse, voll eingerichte-
ter Küche, Bad, 1 Doppelzimmer, 1 Einzelzimmer. Ideal für
Familien oder Gruppen.*

E S S E N

La Contea
Piazza Cocita, 8
Tel. 6 71 26
Sonntagabends und montags
geschlossen
Betriebsferien:
unterschiedlich
Plätze: 60
Preise: 45 000–95 000 Lire
Alle Kreditkarten

*Claudia und Tonino Verro
führen dieses zauberhafte Lokal mit großer Leidenschaft.
Die kleinen, mit antiken Möbeln und Deckengemälden aus-
gestatteten Speiseräume stammen aus dem 19. Jahrhundert.
Die Küche bringt authentische,
traditionelle Gerichte aus den
Langhe, die Claudia in belieb-
ten Rezeptbüchern gefunden
hat. Im Angebot sind hervorragende Ravioli und Tajarin,
Kalbshaxe, Lamm aus dem
Ofen, pikantes Kaninchen und
in der Saison Pilze und Trüffeln. Dazu kommen ein reich-
haltiges Käseangebot und eine
Weinkarte mit einer großartigen Auswahl an Barolo und
Barbaresco.*

La Luna nel Pozzo
Piazza Italia, 23
Tel. 6 70 98
Mittwochs geschlossen
Betriebsferien: zwischen
Juli und August, von
Weihnachten bis 6. Januar
Plätze: 35
Preise: 55 000 Lire, ohne
Wein
Alle Kreditkarten

*Angenehmes Ambiente und eine
mit Sorgfalt neu interpretierte,
klassische Piemonteser Küche
zeichnen dieses Lokal aus. Zu
empfehlen sind Carne cruda,
Vitello tonnato, Ravioli al plìn
bis Tajarin, Braten in Barolo,
aber auch ungewöhnlicheres
wie Auberginenkuchen, Auflauf vom Kabeljau und La-*

*sagne aus Buchweizen. Die
Auswahl an Weinen ist bemerkenswert.*

Squola Alimentare
Ortsteil Bricco di Neive
Via Moniprandi, 1a
Tel. 67 75 65
Montags geschlossen
Betriebsferien: Januar
Plätze: 90
Preise: 45 000–50 000 Lire,
ohne Wein
Kreditkarten: die gängigsten

*In der ehemaligen Schule des
Ortes bekommen Sie traditionelle Gerichte aus den Langhe,
aber auch neuere Kreationen.
Die Auswahl an Weinen ist gut.*

E I N K A U F E N

Grappa
Romano Levi
Via Borgo Stazione

*Romano ist eine Institution im
Dorf, und so ist es auch nicht
schwierig, sein kleines, altes
Haus zu finden. Er macht alles
selbst: von der Destillation bis
hin zu den handgemalten Etiketten. Unter dem Dach sta-
peln sich lilafarbene Würfel
ausgepreßten Tresters, die Romano Levi zum Anheizen des
kupfernen Destillierkolbens verwendet. Es ist nicht gerade einfach, ein paar Flaschen zu er-
stehen, denn Romano trennt
sich nur ungern von seinen Ge-
schöpfen.*

Wurstwaren
Salumeria Nannerini
Piazza Italia, 17

*In einem Palazzo aus dem 16.
Jahrhundert, direkt am Dorfplatz, verkaufen Federico Nannerini und Mariella Pola Wurstwaren aus eigener Herstellung.
Von der Decke hängen rohe
und gekochte Salami, Hart-
wurst, Kochwurst und Speck.*

Wein und Feinkost
Bottega dei Quattro Vini
Piazza Italia
Tel. 6 71 10
Öffnungszeiten: Mi., Do., Fr.
14.00–19.00 Uhr; Sa., So.
und Feiertage 10.30–13.00
u. 14.30–19.00 Uhr;
Mo. u. Di. geschlossen
Betriebsferien: Februar

Die alten Kellergewölbe der
Casa Borghese wurden zum
Sitz der Bottega Comunale del
Vino, ein Ausstellungsraum für
die vier DOC-Weine von
Neive: Barbaresco, Barbera,
Dolcetto und Moscato. Hier
werden die Erzeugnisse der 30
Genossenschaftskellereien von
Neive ausgestellt. Man kann sie
probieren, günstig erwerben
und um Informationsmaterial
wie Karten und Prospekte
nachfragen. In der Bottega fin-
den auch Foto-, Gemälde- und
Bildhauereiausstellungen statt.

Al Nido della Cinciallegra
Enoteca Contea
Piazza Cocito

Hier finden Sie mit Sicherheit
die besten Erzeugnisse der Re-
gion. Tonino bietet eine hervor-
ragende Auswahl an Weinen
(mit historischen Jahrgängen
und einer Auswahl an Gaja-
Weinen, wie man sie anderswo
kaum findet), Grappe, Frisch-
käse, Torrone, Schokolade und,
während der Saison, Trüffeln.
Die Weinhandlung Contea hat
auch einen Landwirtschaftsbe-
trieb mit Salami, Weinen und
Grappe aus eigener Herstel-
lung. Schließlich noch ein nicht
unwichtiges Detail: das Verko-
sten von Wein, Salami und
Frischkäse ist gratis.

Enoteca L' Aromatario
Piazza Negro, 4

In dieser vor kurzem eröffneten
Weinhandlung bietet Rita Pa-
stura eine Auswahl an lokalen

Weinen, klassischen Haselnuß-
kuchen, Torrone, Pasta aus
Mohrenhirse, Konfitüren und
Gewürze. Im oberen Stockwerk
werden zwei Doppelzimmer
mit Bad vermietet (50 000
Lire pro Person).

WEINKELLEREIEN

Piero Busso
Ortsteil Albesani, 8
Tel. 67 15 60

Die Weine von Piero Busso sind
von konstant guter Qualität
und zeichnen sich durch Per-
sönlichkeit und Charakter aus.
Die Bandbreite seiner Produk-
te umfaßt Dolcetto, Nebbiolo,
Barbera Vigna Majano und
Barbaresco Vigna Borghese so-
wie einen angenehmen Weiß-
wein, der aus einer Mischung
von Chardonnay und Sauvi-
gnon gewonnen wird.

Cantina del Glicine
Via Giulio Cesare, 1
Tel. 6 72 15 und 67 75 05

Dieser Betrieb bietet guten
Barbaresco aus zwei verschie-
nen Cru-Lagen. Einen im Bar-
rique gereiften Marcorino, von
dem es nur ein paar tausend
Flaschen gibt, sowie den Curà.
Dazu kommt noch ein wohlrie-
chender Dolcetto d'Alba.

Cascina Crosa
Ortsteil Crosa, 56
Tel. 6 73 76

Bei Pasquale Pelissero bekom-
men sie einen anständigen Bar-

baresco sowie einen süffigen
Dolcetto zu angenehmen Prei-
sen.

Cascina Vano
Via Rivetti, 9
Tel. 67 77 05 und 6 72 63

Bruno Rivetti, der Vetter des
berühmten Giorgio, bewirt-
schaftet 5 Hektar Weinberg, aus
denen er, nach umsichtiger
Verarbeitung, 15 000 Flaschen
Barbaresco, Barbera, Dolcetto
und Moscato von hervorragen-
der Qualität erzeugt.

Castello di Neive
Via Castelborgo, 1
Tel. 6 71 71

Die Brüder Stupino bieten mit
ihrem Barbaresco Riserva San-
to Stefano ein Spitzenprodukt.
Ebenfalls hervorragend, auch
was das Preis-Leistungs-Ver-
hältnis betrifft, sind die aus
Einzellagen vinifizierten Dol-
cetti.

Fratelli Cigliuti
Ortsteil Serra Boella, 17
Tel. 67 71 85

Das Weingut ist nur 4 Hektar
groß, aber die Erzeugnisse be-
wegen sich auf höchstem Ni-
veau. Renato Cigliuti führt den
Betrieb mit großer Leiden-
schaft, sowohl im Weinberg als
auch in der Kellerei. Der Bar-
baresco Serraboella und der
rote Bricco Serra führen die
Skala an, gefolgt von Dolcetto
und Barbera d'Alba.

Collina Serragrilli
Via Serragrilli, 30
Tel. 6 71 74

Der Betrieb wird von den
Frauen aus der Familie Lequio
geführt. Die Trauben für die
jährlich 50 000 Flaschen stam-
men aus den Hügeln von Ser-
ragrilli. Moscato Passito Il
Grillo, Barbaresco, Dolcetto
und Grillo Rosso (eine im Bar-

rique ausgebaute Mischung aus Nebbiolo und Barbera) sind die Aushängeschilder des Betriebs.

Fontanabianca
Via Giachino, 17 bis
Tel. 6 71 95

Ein junger Betrieb, der für die Zukunft hoffen läßt. Die Trauben stammen aus der Region Bordini und liefern einen fülligen Barbaresco sowie einen angenehmen Dolcetto.

Gastaldi
Via Serra Boella, 2
Tel. 67 74 00

Nachdem er bereits mit seinem Dolcetto d'Alba Moriolo (legendär war der 90er Riserva) erfolgreich war, hat Bernardino Gastaldi seine Qualitäten als Produzent mit dem großartigen Rosso Gastaldi nochmals bestätigt. Der Wein wird aus Nebbiolotrauben gewonnen und reift längere Zeit im Edelstahltank, bevor er in Flaschen abgefüllt wird. Bemerkenswert ist auch der Bianco aus einer Mischung von Sauvignon und Chardonnay.

Bruno Giacosa
Via XX Settembre, 52
Tel. 6 70 27

Bruno Giacosa genießt internationale Anerkennung als hervorragender Produzent. Seine Weine sind körperreich und für eine längere Lagerung bestimmt. Man kann nur den Hut ziehen vor dem Barbaresco Santo Stefano di Neive e Gallina, dem Barolo Collina Rionda und dem Rocche di Castiglione. Nicht weniger einladend sind der Arneis und der Brut.

Fratelli Giacosa
Via XX Settembre, 64
Tel. 6 70 13

Einer der wichtigsten Betriebe in der Langhe mit 15 Hektar Weinberg, darunter wertvolle Lagen in Monforte und Castiglione, und einem jährlichen Ausstoß von 600 000 Flaschen. Produziert wird die gesamte Bandbreite der regionalen Rotweine (Barbaresco, Barolo, Barbera Mariagionana, Dolcetto) sowie der Weißwein Ca' Lunga, aus einer Mischung von Pinot nero, Riesling und Chardonnay, die in den Hohen Langhe angebaut werden.

Paitin Pasquero Elia
Via Serra Boella, 20
Tel. 6 73 43

Das Glück der Pasquero liegt vor allem im Weinberg, im Sorì Paitin, auf dem wunderbare Nebbiolo- und Dolcettotrauben wachsen. Aus dieser Spitzenlage gewinnt man einen ausgezeichneten Barbaresco und einen nicht weniger guten Dolcetto d'Alba. Und natürlich nicht zu vergessen das Aushängeschild des Gutes, der gleichnamige Paitin.

Parroco di Neive
Piazza Negro, 7
Tel. 6 70 08

Die Brüder Cogno, Achille und Giuseppe erzeugen die klassischen Weine von Neive: Barbaresco Vigneto Gallina, Dolcetto d'Alba Basarin, Barbera d'Alba und Moscato d'Asti, alle von überzeugender Qualität.

Prinsi
Regione Gaia, 6
Tel. 6 71 92

Franco und Ottavio Lequio bewirtschaften 20 Hektar Weinberg, auf denen sie Nebbiolo, Dolcetto, Barbera, Chardonnay, Sauvignon und Cabernet Sauvignon anbauen.

Punset
Regione Moretta, 42
Tel. 6 70 72

Seit einigen Jahren führt Marina Marcarino erfolgreich den Familienbetrieb. Unter ihren Weinen verdient besonders der hervorragende Barbaresco Campo Quadro Beachtung.

La Sandrina
Via del Molino, 10
Tel. 67 72 24

Neben den klassischen Rotweinen der Region vertreibt Ugo Lequio auch einige Weißweine wie Gavi und Arneis.

Sottimano
Ortsteil Cottà, 21
Tel. 63 51 86

Rino Sottimano hat die Leitung des väterlichen Betriebs übernommen und eine neue, auf Qualität setzende Produktlinie ins Leben gerufen. Barbaresco, Dolcetto und Barbera sind die Spitzenprodukte, interessant ist aber auch der Langhe Rosso Maté aus Grignolino-Trauben.

Giuseppe Traversa
Via Canova, 16
Tel. 6 72 79

Dieser Betrieb produziert alle vier Weine aus Neive, und das in zufriedenstellender Qualität.

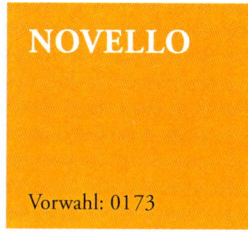

NOVELLO

Vorwahl: 0173

ÜBERNACHTEN

Hotel Barbabuc
Via Giordano, 35
Tel. 73 12 98
3 Sterne
10 Zimmer mit Bad und
WC; Innenhof mit Garten,
Bar, Gesellschaftsraum und
nahegelegenem Park
Preise: Einzelzimmer
125 000–130 000 Lire,
Doppelzimmer
150 000–155 000 Lire;
opulentes Frühstück 25 000
Lire
Alle Kreditkarten

Das Hotel befindet sich in einem alten Palazzo im Zentrum des Ortes. Maria Beccaria hat aus diesem Hotel ein wahres Schmuckstück gemacht, wo guter Geschmack und Vornehmheit zum Ausdruck kommen. In den persönlich eingerichteten Zimmern finden Sie antike Möbel neben modernen Designerstücken. Bemerkenswert der schöne Garten und die Terrasse mit Ausblick. Das Frühstück mit Marmelade und knusprigem Brot, Käse und Salami ist, wie in dieser Gegend üblich, sehr üppig. Verkostungen und Weinverkauf in Zusammenarbeit mit der »Enoteca Barbaduc«: gute Auswahl lokaler Weine.

Albergo Al Castello da Diego
Castello di Novello
Tel. 74 40 11
Geschlossen von 1. Januar
bis 15. März
3 Sterne
7 Doppelzimmer mit Bad,
3 Suiten, jede mit 2 Doppelzimmern, Wohnzimmer und
Bad.
Restaurant, Bar, Parkplatz
Preise: Doppelzimmer
120 000 Lire; Suite 170 000
Lire; Frühstück 20 000 Lire
Alle Kreditkarten

Die Zimmer sind im Schloß aus dem 19. Jahrhundert untergebracht. Vor allem die Suiten mit ihren Fresken und Stilmöbeln sind sehr komfortabel.

EINKAUFEN

Paste di meliga
Panetteria Manzone
Via Giordano, 7

Die Paste di Meliga werden aus Maismehl hergestellt. Die Kekse sind sehr knusprig, und man kann sie pur genießen oder in Tee oder Milch stippen.

Wein
Bottega comunale del vino
Via Roma, 1
Öffnungszeiten: samstags
und vor Feiertagen
15.00–18.00 Uhr, sonn- und
feiertags: 10.00–12.00 Uhr
und 15.00–18.00 Uhr
(an anderen Tagen bitte bei
der Gemeindeverwaltung
anrufen, Tel. 73 11 47).

In dem großen Saal aus dem 18. Jahrhundert, in dem sich einst die Kapelle und die Krypta der Pfarrkirche befanden, findet man heute fast alle Produkte aus Novello. Die Auswahl ist groß: Barolo, Dolcetto, Freisa, Barbera, Nebbiolo und Bianco di Novello. Sie können kosten und zu einem günstigen Preis gute Qualität kaufen.

WEINKELLEREIEN

Elvio Cogno
Borgata Ravera, 2
Tel. 73 14 05 und 5 07 59

Elvio Cogno ist ein Weinmacher mit großer Erfahrung. Er hat lange in La Morra gearbeitet und beweist jetzt mit dem Bricco Petorchino aus seiner neuen Weinkellerei, daß man durchaus auch in Novello hervorragende Weine herstellen kann. Inzwischen ist sein Schwiegersohn Walter Fissone in das Geschäft eingetreten und hat mit der Produktion eines Weißweins aus Trauben der Gegend begonnen (Nas-Cetta).

Giovanni Stra e Figlio
Regione Ciocchini, 18
Tel. 73 12 14

Ein Weinkeller, mit den typischen Weinen der Gegend, darunter ein guter Barolo, herausragend aber der sehr angenehme Dolcetto.

RODDI

Vorwahl: 0173

ÜBERNACHTEN

Enomotel Il Convento
Via Cavallotto, 1
Tel. 61 52 86
3 Sterne
27 Doppelzimmer, alle mit
Bad
Enoteca, Restaurant, Bar,
Parkplatz
Preise: Einzelzimmer 95 000
Lire, Doppelzimmer 150 000
Lire, inklusive Frühstück
Alle Kreditkarten

*Das Hotel liegt zwei Kilometer
von Roddi entfernt in einer
Talsohle zwischen Barolo und
Alba. Es ist gut ausgeschildert
und daher leicht zu finden.
Das Gebäude ist neu und eig-
net sich gut als Stützpunkt für
Ausflüge durch das Land des
Barolo.*

ESSEN

La Crota
Via Principe Amedeo, 1
Tel. 61 51 87
Montagabends und dienstags
geschlossen
Betriebsferien:
unterschiedlich
Plätze: 60
Preise 40 000 Lire, ohne
Wein
Kreditkarten: die gängigsten

*Das Restaurant befindet sich in
einem alten Weinkeller und ist
mit rustikalen Möbeln eingerichtet. Daniela Montanaro
empfängt die Gäste, während
Danilo Lo Russo in der Küche*

*arbeitet. Seine Gerichte gehören
zu den klassischen der Langhe.
Er ändert sie jedoch durch
manchen kreativen Einfall ein
wenig ab und gibt ihnen eine
persönliche Note. Die Weinkarte bietet eine gute Auswahl
von Weinen aus der Umgebung.
Im Sommer kann man im
Freien mit Blick auf die Weinberge speisen. Das Restaurant
verfügt über zwei Zimmer für
Übernachtungsgäste.*

Sotto il Castello
Via Tommaso Abrate, 13
Tel. 61 51 94
Mittwochs geschlossen
Betriebsferien:
unterschiedlich
Plätze: 45
Preise: 40 000 Lire, ohne
Wein
Kreditkarten: die gängigsten

*Giulio Bollano serviert in einem
familiären und geschmackvol-
len Rahmen die Gerichte, die
seine Frau Teresa in der Küche
zubereitet. Vom getrüffelten
Wildpâté bis zu den Agnolotti
al plìn, vom Schmorbraten in
Barolo und Fritto Misto (nur
auf Vorbestellung) bis zu den
Desserts Panna Cotta und Zabaione. Die Weinauswahl ist
nicht groß, aber zuverlässig.*

SAN ROCCO SENO D'ELVIO

Vorwahl: 0173

ESSEN

Osteria Italia
Ortsteil San Rocco Seno
d'Elvio, 8
Tel. 44 15 47
Mittwochs geschlossen, nicht
im Oktober
Betriebsferien: Januar und
August
Plätze: 50
Preise: 35 000–40 000 Lire,
ohne Wein
Kreditkarten: CartaSì, DC

*Angenehmes Ambiente, einfach
gedeckte Tische und eine bodenständige Küche zeichnen
dieses Lokal aus, in dem auch
Gäste willkommen sind, die
nur einen Gang essen möchten.
Ideal also für einen kleinen Imbiß zwischendurch. Zu einem
Glas Wein bekommt man
Wurst oder ausgesuchte Käsespezialitäten wie frische oder
ausgereifte Tome und Tomette,
Castelmango, Gorgonzola, Käse
aus Elva und Benevagienna.*

WEINKELLEREIEN

Poderi Cola
Ortsteil San Rocco Seno
d'Elvio, 82
Tel. 29 01 48

Der Betrieb ist noch nicht alt, hat aber eine gesunde Basis. Die Colas haben sich nach ihrer erfolgreichen Zeit als Leiter der Kellereien von Prunotto di Alba in dieses neue Abenteuer gestürzt. Der Betrieb produziert jährlich über 100 000 Flaschen, komplett aus eigenem Anbau in den besten Lagen, allen voran Bussia für den Barolo und Roncaglia für den Barbaresco. Die Produktpalette umfaßt Barbaresco, Barolo, Barbera, Dolcetto und Freisa.

Gianluigi Lano
Strada Basso, 38 bis
Tel. 28 69 58

Der Betrieb begann seine Tätigkeit in den frühen 90ern und produziert Dolcetto, Barbaresco und Barbera. Probieren sie vor allem den im Barrique ausgebauten Barbera.

Luigi Penna e Figli
Ortsteil San Rocco Seno
d'Elvio, 96
Tel. 28 69 48

Ein familiär geführter Betrieb, dessen Stärke auch sein günstiges Preisniveau ist. Man produziert unter anderem einen hervorragenden Dolcetto d'Alba Bricco Galante.

Armando Piazzo
Ortsteil San Rocco Seno
d'Elvio, 31
Tel. 3 56 89

Einer der größten landwirtschaftlichen Betriebe der Region, der die gesamte Bandbreite der bekannten Weine aus den Langhe anbietet: geradlinig, bodenständig und zu anständigen Preisen.

SERRALUNGA

Vorwahl: 0173

ÜBERNACHTEN

Italia
Piazza Cappellano
Tel. 61 31 24
1 Stern
10 Zimmer ohne Bad,
Bad und WC auf dem Flur
Preise: Doppelzimmer
60 000 Lire, Einzelzimmer
30 000 Lire, ohne Frühstück
Keine Kreditkarten

Giaculin Anselma, Inhaber der Pension und Wein- und Traubenmakler, gehört fest zur Geschichte der Langhe: Die Weinberge und Kellereien der Gegend sind für ihn kein Geheimnis. Seine Pension ist einfach, aber gut geführt. Sie können auch auf das angeschlossene Speiselokal zählen, das die Möglichkeit bietet, unverfälschte - Gerichte der Langhe und die Hausweine zu kosten.

ESSEN

Antica Trattoria del Castello
Frazione Baudana, 63
Tel. 61 33 75
Mittwochs geschlossen
Betriebsferien: August
Plätze: 70
Preise: 50 000–55 000 Lire, ohne Wein
Kreditkarten: die gängigsten

Diese Trattoria auf der Straße nach Serralunga bietet ein rustikales Ambiente und eine unverfälschte Hausfrauenküche. Carne cruda all'albese, Vitello tonnato, Zunge in Sauce, Paprika mit Sardellen-Knoblauch-Sauce gehören zu den Antipasti; Agnolotti mit Rosmarin, Tajarin und verschiedene Risotti zu den Primi; geschmortes Kaninchen und verschiedene Braten zu den Secondi. Bei den Dolci können Sie wählen unter Bonèt, Haselnußkuchen und Panna Cotta. Dazu empfehlenswerte Hausweine.

Trattoria Cascina Schiavenza
Via Mazzini, 4
Tel. 61 31 15
Dienstags geschlossen
Betriebsferien: Juli
Plätze: 40
Preise: 40 000 Lire, ohne Wein
Kreditkarten: die gängigsten

Die traditionell ausgerichtete Küche bietet Vorspeisen wie Vitello tonnato, Zunge in Sauce und Carne cruda, gefolgt von dem klassischen Zweigespann Agnolotti al plin und Tajarin, danach Kaninchen und Bollito und zum Abschluß Bonet und Birnen in Wein. In dem schlicht mit weißen Vorhängen, Tapeten und Tischdecken eingerichteten Gastraum stehen nur wenige Tische, eine Verbindungstür führt zur Kellerei. Draußen hat man einen herrlichen Panoramablick. Die Weine stammen vom eigenen Gut, dazu kommen einige Flaschen lokaler Erzeuger. Gutes Preis-Leistungs-Verhältnis.

Kaffee und Aperitif
Bar Centro Storico
Via Roma, 6
Tel. 61 32 03

Unterhalb des Castello befindet sich ein kleiner Gastraum mit wenigen Tischen und einer Holztheke. Ein idealer Ort, um einen kleinen Teller mit pie-

montesischen Käsespezialitäten und guter Wurst, ein wohlschmeckendes Panino oder eine Pizza zu sich zu nehmen. Die gut sortierten Weine bekommt man auch glasweise.

EINKAUFEN

Leckereien
La Contrada
Via Roma, 48

Dieses kleine Geschäft liegt gut versteckt in einem Gäßchen des Ortes. Franco Giaccone fotografiert die Langhe und verkauft die schönsten Bilder. In seinem Geschäft finden Sie auch die Essige, die sein berühmter Onkel, Cesare di Albaretto, herstellt. Außerdem gibt es die Haselnußtorten von Viberti aus Monforte und, ebenfalls aus Monforte, die Produkte der »Antica Dispensa«. Es werden die Grappe von Marolo aus Alba verkauft, die Baroli Chinati, Torrone und eine kleinere Auswahl von Weinen aus Alba.

Wein
Bottega del Vino
Via Foglia, 1
Tel. 61 31 01 und 61 35 28

Die Bottega ist samstags und sonntags von 9.00 bis 12.00 Uhr und von 15.00 bis 18.00 Uhr geöffnet, außer im Dezember, Januar, Februar und März. Hier können Sie alle Weine kosten, die in Serralunga produziert werden (einige der besten Weinberge des gesamten Barologebietes!).

L'Infernòt del Castel
Via Roma, 2
Tel. 61 34 47

Hier finden Sie den berühmten Barolo Chinato des Doktor Giuseppe Cappellano. Darüber hinaus bietet das Geschäft eine große Auswahl hiesiger Weine

und Feinkost. Mittwochs geschlossen, aber Samstag, Sonntag und Feiertage geöffnet.

WEINKELLEREIEN

Gabutti-Franco Boasso
Borgata Gabutti, 3a
Tel. 61 31 65

In dem kleinen Familienbetrieb keltern Franco und sein Sohn Ezio aus ihren vier Hektar Rebfläche Barolo (von der Lage Gabutti), Dolcetto, Barbera und auch eine kleine Menge Moscato d'Asti.

Giuseppe Cappellano
Via Alba, 13
Frazione Bruni
Tel. 61 31 03

Der Betrieb ist durch den Barolo Chinato auf der ganzen Welt berühmt geworden (siehe Seite 71). Er produziert aus den vier eigenen Hektar Rebfläche aber auch Dolcetto, Barolo, Barbera und Nebbiolo.

Giuseppe Massolino
Vigna Rionda
Piazza Capellano, 6
Tel. 61 31 38

Rionda in Serralunga ist eine der wertvollsten Lagen der Langhe. Von hier stammen die Weine des Betriebs Massolino. Eine zuverlässige Adresse für alle Liebhaber traditionell hergestellten Weines: Sie finden hier strukturreiche Baroli, die sich zur Lagerung eignen.

Fontanafredda
Via Alba, 15
Tel. 61 31 61
Besichtigung in Gruppen samstags und sonntags

Die historischen Weinkellereien von Fontanafredda produzieren mit mehreren Millionen Flaschen pro Jahr eine imposante Menge. Trotzdem geht

man hier bei der Qualität keinen Kompromiß ein: Die Politik des Betriebs hat immer Wert auf ein hohes Niveau ihrer Produkte gelegt, zu denen alle piemontesischen Weine gehören. Bemerkenswert sind vor allem die Barolo- und Dolcetto-Lagen und der Spumante metodo classico.

Luigi e Fiorina Baudana
Borgata Baudana, 33
Tel. 61 33 54

Ein neuer Betrieb in der Weinlandschaft von Serralunga. Die gekonnt vinifizierten Dolcetti, Barbere und Baroli stammen aus den historischen Spitzenlagen Baudana und Cerretta.

Ettore Germano
Borgata Cerretta, 1
Tel. 61 35 28 und 61 31 12

Das Gut liegt im Herzen der beiden berühmten Crus von Serralunga, Cerretta und Pra di Po. Sergio Germano hat den väterlichen Betrieb vor ein paar Jahren übernommen. Zu seinen Erzeugnissen zählen ein hervorragender Barolo Cerretta, ein sehr raffinierter, gehaltvoller Dolcetto di Pra di Po sowie ein moderner, im Barrique gereifter, süffiger Balau aus Dolcetto- und einem kleinen Anteil Barberatrauben.

Valter Palladino
Via Roma, 3
Tel. 61 35 12

Zusammen mit Cappellano, Anselma und Massolino hat dieser Betrieb die Weinproduktion des Ortes auf den Weg gebracht. Seit ein paar Jahren kümmert sich Palladino auch um die Produktion von Valsangiacomo, einem Weingut in der italienischen Schweiz, das hervorragenden Grund in den besten Lagen von Serralunga erworben hat.

Luigi Pira
Via XX Settembre, 9 bis
Tel. 61 31 06

Eine weitere Neuigkeit in Serralunga: Gianpaolo Pira, Besitzer der Weinberge Marcena, Margheria und Vigna Rionda, hat auf Rat einiger lokaler Weintechniker selbst mit der Produktion und Abfüllung qualitätvoller Weine begonnen.

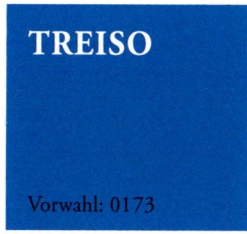

TREISO

Vorwahl: 0173

ÜBERNACHTEN

**Azienda agrituristica
Il Ciliegio**
Via Meruzzano, 21
Tel. 63 01 26 und 63 82 67
3 Zimmer mit je 4 Betten
und Bad, 4 Apartments mit
je 4 Betten, Bad und
Küche/Eßzimmer
Preise: 30 000–45 000 Lire
pro Person inkl. Frühstück.
Apartment 700 000 Lire pro
Woche

Es besteht die Möglichkeit, Wein, Obst, Gemüse, Hühner und Kaninchen auf dem Hof zu kaufen. In der Umgebung schöne Wegstrecken für Wanderungen und Radtouren.

**Azienda agrituristica
Ada Nada**
Via Ausario, 12
Tel. 63 81 27
5 Doppelzimmer mit Bad,
einige mit Zustell- oder
Kinderbett
Preise: Doppelzimmer
95 000 Lire, ohne Frühstück

Der schön renovierte Hof aus dem 18. Jahrhundert liegt inmitten der Weinberge von Treiso. Der Weinkeller steht zur Besichtigung und für Weinproben offen. Zum Frühstück gibt es Marmeladen, Kuchen, Wurst, Käse und Gemüsesnacks.

**Azienda agrituristica
Villa Ile**
Strada Rizzi, 18
Tel. 36 23 33
3 Zimmer mit Bad
Preise: 50 000 Lire pro Person, Frühstück 10 000 Lire

Auf dem Hof von Ileana Corradini produziert man qualitätvolle Weine, Obst und Gemüse. Für die Zukunft sind auch einige Apartments geplant.

ESSEN

**La Ciau del
Tornavento***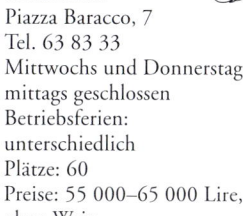
Piazza Baracco, 7
Tel. 63 83 33
Mittwochs und Donnerstagmittags geschlossen
Betriebsferien:
unterschiedlich
Plätze: 60
Preise: 55 000–65 000 Lire,
ohne Wein
Alle Kreditkarten, außer AE

Die Liebe zu den Langhe und die Leidenschaft für den Wein haben Maurilio veranlaßt, das Tornavento zu übernehmen. Mitgebracht hat er einen im Piemont bereits bekannt guten Ruf, den Namen seines Restaurants »La Ciau« und einen Michelinstern. In Treiso bietet er eine regionale Küche, kombiniert mit einigen Eigenkreationen. Auf der wöchentlich wechselnden Speisekarte finden sich Gerichte wie mit Thunfischmousse gefüllte und mit Lavendelblüten aromatisierte Paprikaschoten, Agnolotti, gefüllt mit gekochten Kartoffeln und

Lauch oder Risotto al Barolo mit Wachteln. Eine reichhaltige Käseauswahl und eine überaus große Weinkarte mit Markenweinen aus den Langhe sowie italienischen und interessanten internationalen Weinen komplettieren das Angebot.

Osteria dell'Unione**
Via Alba 1
Tel. 63 83 03
Sonntagabends und montags
geschlossen
Betriebsferien: im August
Plätze: 50
Preise: 50 000 Lire, ohne
Wein
Keine Kreditkarten

Die Osteria dell'Unione stellt einen Meilenstein in der Geschichte der Vereinigung Arcigola dar. Sie wurde bereits 1982 von dem Verein »I Tarocchi« gegründet, oder besser gesagt zu neuem Ruhm gebracht. Damals grub man das Schild der alten Osteria von Cesarin Bongiovanni, Pinas Vater, aus und weihte das Lokal unter großer Beteiligung der späteren Vereinsmitglieder ein. Die sich selbst treu bleibende Küche von Pina Bongiovanni ist erstaunlich kräftig und würzig im Geschmack. Erobern Sie sich einen der wenigen Tische und probieren Sie die Frittatine, gefüllte Zwiebeln, Carpione, Vitello tonnato, Zunge, Agnolotti al plìn oder Kaninchen in Barolo mit Paprikaschoten im Winter und in Weißwein mit Kräutern im Sommer. Der Weinkeller hält eine Vielzahl an Markenweinen aus den Langhe bereit.

EINKAUFEN

Brot

**Panetteria forno a legna
Fabrizio Fenocchio**
Ortsteil Altavilla
Via Rio Sordo, 52

Diese Bäckerei gehört noch zur Gemeinde Alba, aber der zu Treiso gehörende Ortsteil Pertinace auf der anderen Seite der Brücke, die über den Seno d'Elvio führt, ist nur ca. 20 Meter entfernt, während es zum Zentrum von Alba 5 Kilometer sind. Bei Fabrizio Fenocchio gibt es noch handgedrehte Grissini, typisches Krokant und Biove: ein Brot ohne Fette und Zusatzstoffe und so aromatisch, wie man es nur erhält, wenn das Brot ganz langsam im Holzofen gebacken würde.

WEINKELLEREIEN

Orlando Abrigo
Ortsteil Cappelletto
Tel. 63 02 32

Orlandos Sohn, Giovanni Abrigo, hat einige beachtliche Verbesserungen in der Kellerei eingeführt und die Lagerräume klimatisieren lassen. Die Weine haben sich nun auf einem qualitativ guten Niveau eingependelt. Das Angebot reicht von Barbaresco, Dolcetto d'Alba, Barbera d'Alba Mervisano bis hin zu Freisa, Chardonnay und Moscato Passito.

Ca' del Baio
Via Ferrere, 33
Cascina Valle Granda
Tel. 63 82 19

Giulio Grasso bietet Dolcetto, Moscato, Barbera und Chardonnay zu interessanten Preisen. Besondere Beachtung verdient ein Barbaresco, für den man Trauben aus der Spitzenlage Asili keltert.

Fratelli Grasso
Ortsteil Valgrande
Via Giacosa, 1b
Tel. 63 81 94

Die Brüder Grasso sind bereits seit mehreren Jahrzehnten im Weinbau tätig, aber den größten Teil ihrer Produktion füllen sie erst seit wenigen Jahren selbst in Flaschen ab. Barbaresco und Barbera haben bereist ansprechende Resultate erzielt.

Il Cravé
Strada Rizzi, 2
Tel. 63 83 53

Der junge Corrado Meinardi hat seinen Abschluß an der Weinbauschule in Alba gemacht und den Betrieb vom Großvater väterlicherseits übernommen. Er produziert Barbaresco, Dolcetto d'Alba und Chardonnay und zeichnet sich durch ein angenehmes Preis-Leistungs-Verhältnis aus.

Eredi Lodali
Viale Rimembranza, 5
Tel. 63 81 09

Die energische Winzerin Rita Lodali hat die Kellerei auf die Auswahl der eigenen Weinberge in Treiso und Roddi spezialisiert. Ihre Produktpalette umfaßt Barbaresco Rocche dei Sette Fratelli, Barolo Bric Sant' Ambrogio, Dolcetto d'Alba, Barbera d'Alba und Chardonnay.

Fratelli Molino
Via Ausario, 5
Tel. 63 83 84

Der Betrieb hat vor wenigen Jahren mit der Flaschenabfüllung begonnen und produziert noch auf traditionelle Weise. Zu den Spitzenerzeugnissen gehören ein Dolcetto und ein Barbaresco aus dem Weinberg Ausario.

Ada Nada
Via Ausario, 12
Tel. 63 81 27

Seit ein paar Jahren füllt Giancarlo Nada einen Dolcetto sowie einen Barbera und einen Langhe Rosso La Bisbetica (eine Mischung aus Nebbiolo und Barbera) ab und nicht zuletzt zwei Barbaresco aus Cru-Lagen von hervorragender Qualität.

Fiorenzo Nada
Ortsteil Rombone
Tel. 63 82 54

Fiorenzo Nada und seinem Sohn Bruno steckt der Weinbau im Blut, wie die guten Resultate ihrer Weine eindrucksvoll bezeugen. Der Barbaresco ist einfach himmlisch, dazu kommen ein herrlicher Sefile (eine Mischung aus Barbera- und Nebbioloreben, der im Barrique ausgebaut wird) und ein Dolcetto d'Alba.

Pelissero
Via Ferrere, 19
Tel. 63 81 36 und 63 84 30

Die neue Generation der Pelisseros, angeführt von Giorgio, macht ernst: eine neue Kellerei, modernste Technologie und qualitätvolle Weine. Barbaresco Vanotu und Dolcetto d'Alba Augenta sind stets von herausragender Qualität, aber auch die übrigen Auslesen von Dolcetto und Barbera sind nicht zu verachten. Dazu kommen noch Freisa und Grignolino.

Rizzi
Ortsteil Rizzi, 13
Tel. 63 81 61

Auf dem Weingut von Ernesto
Dellapiana werden alle regionalen Weinsorten hergestellt.
Besonders empfehlenswert sind
der Barbaresco und der Dolcetto d'Alba aus den Lagen
Fondenta und Sorì del Noce sowie ein Chardonnay aus dem
Weinberg Speranza.

Vignaioli Elvio Pertinace
Ortsteil Pertinace, 2
Tel. 44 22 38

Der Betrieb schließt einige
Winzer der Region zusammen,
aus deren Trauben man ein
breites Angebot verschiedener
Weine produziert. Aushängeschild sind der Dolcetto d'Alba
aus den Spitzenlagen Nervo
und Castellizzano sowie ein
Barbaresco aus dem gleichen
Anbaugebiet.

Villa Ile
Ortsteil Rizzi, 15
Tel. 36 23 33

Dolcetto, Barbaresco und vor
allem der Grassino, eine im
Barrique ausgebaute Mischung,
sind die Aushängeschilder des
Betriebs. Auch der Likörwein
Moscadile, ein Moscato di
Treiso, ist von ansprechender
Qualität.

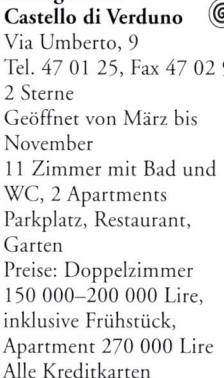

VERDUNO

Vorwahl: 0172

ÜBERNACHTEN

**Albergo Real
Castello di Verduno**
Via Umberto, 9
Tel. 47 01 25, Fax 47 02 98
2 Sterne
Geöffnet von März bis
November
11 Zimmer mit Bad und
WC, 2 Apartments
Parkplatz, Restaurant,
Garten
Preise: Doppelzimmer
150 000–200 000 Lire,
inklusive Frühstück,
Apartment 270 000 Lire
Alle Kreditkarten

Das Hotel befindet sich in einem Flügel des Schlosses, einer
Residenz des Königs Carlo Alberto. Das unversehrte Ambiente des 19. Jahrhunderts fasziniert Stammgäste aus der
ganzen Welt. In zwei Räumen
des Schlosses finden laufend
Ausstellungen von Gegenwarts-
kunst statt. Vor kurzem hat Lisetta Burlotto das Gästehaus im
angrenzenden Garten eröffnet.
Die fünf großen, mit Fresken
geschmückten Zimmer wett-
eifern mit denen des Schlosses.
Ein schattiger Park und eine
wundervolle Aussicht auf den
Alpenbogen runden das Bild
dieser äußerst eindrucksvollen
Residenz ab, die sich harmo-
nisch in ihre Umgebung ein-
fügt.

ESSEN

Real Castello di Verduno ★
Via Umberto, 9
Tel. 47 01 25, Fax 47 02 98
Kein Ruhetag
Betriebsferien: Dezember,
Januar und Februar
Plätze: 40
Preise: 60 000–80 000 Lire,
ohne Wein
Alle Kreditkarten

Die Küche der Schwestern Burlotto – Lisetta Gabriella und
Lilli – ist streng traditionell
und regional. Das blieb so
auch, als in den Langhe im
Zuge der Neuerung um jeden
Preis alternative Wege beschrit-
ten wurden. Hier können Sie
Hirn und Zunge in Sauce, Tajarin, Minestra del bate 'l gran
(Minestra nach Art der Korn-
drescher) und Giura (Kuh-
schmorbraten) essen. Zum
Abschluß gibt es einen Haselnußkuchen nach einem Rezept
des Hauses (dieser wird, wie die
selbstgemachten Marmeladen,
auch zum Verkauf angeboten).
Gute Weinkarte mit piemontesischen Gewächsen. Reservierung unerläßlich.

John Falstaff ★
Via Schiavino, 1
Tel. 47 02 44
Montags geschlossen
Betriebsferien: Januar und
August
Plätze: 30
Preise: 60 000–70 000 Lire,
ohne Wein
Alle Kreditkarten

Nachdem er ausreichend Erfahrung hatte, beschloß Franco
Giolitto vor einigen Jahren,
sich selbständig zu machen.
Sein Restaurant Falstaff hat
mittlerweile einen guten Ruf:
Francos Küche hat ihre Wurzeln in der Tradition der
Langhe, aber er liebt es, die
Ideen eines talentierten Chefs
mit einfließen zu lassen. Der

aufmerksame Service liegt in den Händen seiner Frau Jane. Die Weinkarte ist reichhaltig, man kann die Weine auch in der unter dem Ristorante liegenden Enoteca kaufen. Eine Reservierung ist unbedingt erforderlich.

EINKAUFEN

Salami

Macelleria salumeria Fava
Via Umberto I, 34

Salami mit Pelaverga, gekochte Salami, Cotechino und Kalbfleisch (der Inhaber kauft das piemontesische Vieh direkt von kleinen Züchtern) sind die Spezialitäten dieser Metzgerei. Sie befindet sich wenige Schritte vom Kastell entfernt und beliefert Restaurants und eine treue Privatkundschaft.

WEINKELLEREIEN

Fratelli Alessandria
Via Beato Valfré, 59
Tel. 47 01 13

Pelaverga und Barolo Movigliero sind die Spitzenprodukte dieses kleinen Betriebs, der sich am Rande der Stadt in einem schönen Haus aus dem 18. Jahrhundert befindet. Sie sollten auch den Barbera, Dolcetto und den weißen Favorita probieren.

Bel Colle
Borgata Castagni, 56
Tel. 47 01 96

Der Weintechniker Torchio, Leiter des Betriebs, präsentiert eine erfreuliche und gut gearbeitete Weinserie: vom Barolo zum Pelaverga, vom Arneis zum Favorita, vom Dolcetto zum Barbera.

Antonio Brero
Via V. Emanuele, 17
Tel. 47 02 16

Ein kleiner Betrieb, dessen Besitzer sich selbst als »Weinhändlerchen« bezeichnet und sich vor allem durch seinen Pelaverga auszeichnet.

Andrea Burlotto
Via Laneri, 6
Tel. 47 01 52

Seine Weine gehören zu den klassischen der Gegend: Barolo, Dolcetto, Barbera und natürlich Pelaverga.

**Commendator
G. B. Burlotto**
Via V. Emanuele, 28
Tel. 47 01 22

In den historischen und eindrucksvollen Kellern des großen »Barolista« wird die glorreiche Tradition fortgeführt, ohne der Vergangenheit nachzutrauern. Dolcetto, Barbera, Barolo und der unumgängliche Pelaverga sind noch immer Weine, die Respekt verdienen.

Castello di Verduno
Via Umberto I, 9
Tel. 47 01 25 und 47 02 84

Lisetta und Gabriella Burlotto haben ihre Kräfte mit dem Barbaresco-Produzenten Franco Bianco vereint. Das Ergebnis ist eine Reihe interessanter Weine, alle aus den eigenen Weinbergen (Barolo, Dolcetto, Barbaresco).

La Cantina
Region Olmo
Tel. 7 72 78

Die junge Kellerei wird von Aldo Della Torre geführt und vinifiziert Trauben aus 8 Hektar Weinberg, die sich auf die Lagen Ripa und Castagni ver-

teilen. Gegenwärtig produziert man Dolcetto d'Alba und Pelaverga, in Zukunft auch Barolo.

TREKKING
IN DER LANGHE

Die von Elio Sabena geleitete Organisation »Trekking in Langa« hat eine Wanderkarte »Dal Barbaresco, al Moscato, alla Langa di Fenoglio« herausgegeben, auf der die 60-km-Wegstrecke (gelb und rot markiert) zwischen Weinbergen, Wäldern, Burgen und Höfen ausgewiesen ist. Die Karte ist in den Buchhandlungen von Alba und Bra sowie den Touristenbüros für 10 000 Lire erhältlich. In Vorbereitung ist auch eine Wanderkarte von Barolo.
Die Organisation hilft auch mit Informationen über Länge und Schwierigkeitsgrad der Wege (zu Fuß, mit dem Mountainbike oder zu Pferd) sowie bei Schülerfreizeiten.
Weitere Auskünfte über: Elio Sabena, Tel. 01 72/49 00 18 oder 03 36/61 02 55

Register

SLOW FOOD

Kommen Sie jetzt in den Genuß

Immer mehr Menschen erkennen, daß Essen und Trinken Teil unserer Kultur sind. Darum unterstützen immer mehr Menschen SLOW FOOD. Denn die internationale SLOW-FOOD-Bewegung setzt sich für die Achtung der Lebensrhythmen der Menschen und der Natur als Ursprung aller Nahrung ein; für die Verbreitung hochwertiger Lebensmittel, die naturnah mit sinnvollen Methoden erzeugt werden; für das Bewußtsein, daß jedes Land, jede Region und jede Jahreszeit eine Vielfalt von Nahrungsmitteln hervorbringen.

Darum machen bei SLOW FOOD alle mit: Produzenten und Händler, Winzer und Gastronomen, Verbände und Journalisten – und viele, viele private Genießer.

Mit der Anmeldung zur Bewegung SLOW FOOD International bekommen Sie automatisch Ihre Mitgliedskarte und ohne weitere Kosten die viermal im Jahr erscheinende Zeitschrift »Slow« zugeschickt. Die Mitgliedskarte gibt Ihnen die Möglichkeit, Rabatte und Vorteile, die unseren Mitgliedern exklusiv vorbehalten sind, weltweit zu nutzen. Außerdem werden Sie regelmäßig über SLOW-FOOD-Veranstaltungen in Ihrer Region informiert.

Ja, ich möchte in den Genuß kommen und werde Mitglied bei der Bewegung Slow Food International.

Name

Vorname

Firma

Straße

Postleitzahl/Ort

Land/Region

Telefon/Fax

Beruf

Datum/Unterschrift

Jahresbeitrag: DM 120,–, öS 650,–, sFr. 120,–.
Die Mitgliedschaft gilt 1 Jahr. Sie kann danach jederzeit und ohne Angabe von Gründen gekündigt werden.

Zahlungsart:

☐ Überweisung auf das italienische Postscheck-konto von SLOW FOOD beim Ufficio postale di Bra (Cn) – sede N°. 23-31 Konto-Nr. 17 251 125 (Überweisungsdurch-schlag liegt bei.)

☐ Visa / Master Card

☐ American Express

☐ Karten-Nr.:

Ablaufdatum

Ort/Datum

Unterschrift

Bitte diesen Coupon kopieren und einfach in einen frankierten Umschlag stecken oder faxen an: SLOW FOOD INTERNATIONAL OFFICE, VIA DELLA MENDICITA ISTRUITA 14, I-12042 BRA (CN), TEL.: 00 39 172 41 12 73, FAX 00 39 172 42 12 93

Geheimtips für Genießer

»*Geheimtips für Genießer* heben sich deutlich vom Gros der eintönig aufgemachten Reiseführer ab. Sie laden dazu ein, genußvolles Speisen mit genußvollem Reisen zu verbinden... So originell und gelungen wie die Idee der Reihe ist auch ihre Umsetzung: Jeder der Bände beschränkt sich auf ein überschaubares Gebiet und setzt überzeugende Schwerpunkte.

Der größte Pluspunkt der Reihe ist der ausführliche und ausgezeichnete Adressenteil am Ende eines jeden Bandes.«
Die Zeit

Jeder Band ca. 140 Seiten, zahlreiche Karten, durchgehend vierfarbig illustriert.

Weitere Bände in Vorbereitung.

Droemer
edition spangenberg

Spaziergänge zwischen

MÜNCHEN
Lebensgefühl unter weißblauem Himmel

WACHAU
Weinreisen an Donau und Kamp

Kunst und Küche

VENETIEN
Villen und Wasserwege um Treviso

LIGURIEN
Olivenhaine im Schatten der Castellari

Jeder Band ca. 140 Seiten, zahlreiche Karten, durchgehend vierfarbig illustriert.

Weitere Bände in Vorbereitung.

AMALFI
Maurische Kunst am Golf von Neapel

SARDINIEN
Spuren der Steinzeit in wilder Natur

Droemer
edition spangenberg

Kulinarische Entdeckungsreisen

»Ein Muss für jeden Italienreisenden!«
Welt am Sonntag

»Ein Buch mit bibliophilen Qualitäten.«
Frankfurter Allgemeine Zeitung

816 Seiten mit 24 Karten,
Ortsregister und ital.-dt. Glossar

Droemer
edition spangenberg

Pasta macht glücklich!

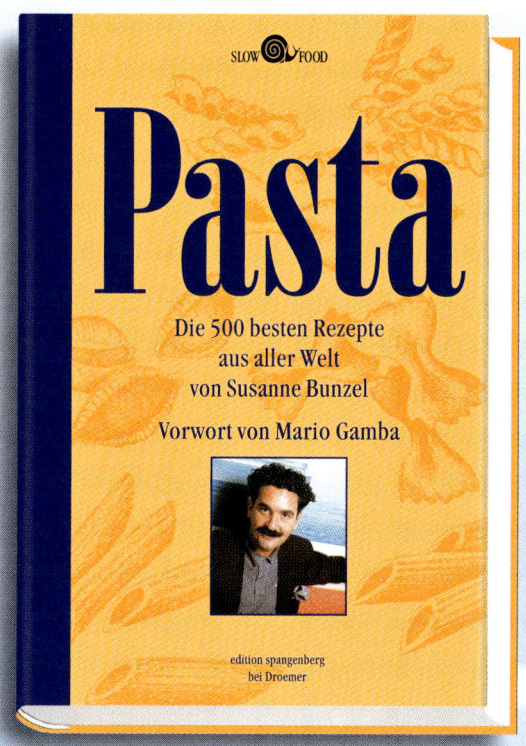

»Pasta ist eine Weltsprache. Es ist schon erstaunlich und dann doch wieder logisch, daß Menschen zwischen Nord- und Südpol, von L. A. bis Shanghai diese kleinen, langen, kurzen, dicken, dünnen, glatten, gekringelten Dinger lieben.« *Mario Gamba*

496 Seiten mit Illustrationen

Droemer
edition spangenberg

Dieses Buch ist ein Genuß!

384 Seiten
mit über 200 farbigen
Illustrationen.

Die besten
Rezepte der
traditionellen
Landküche
Italiens
zwischen
Brenner und
Ätna.
Über 300
verführerische
Gerichte
aus allen
Regionen
Italiens.
Liebevoll
illustriert von
Lucia Obi.

**Droemer
Knaur**®
edition spangenberg